ذکر و حکم

بسم الله الرحمن الرحيم

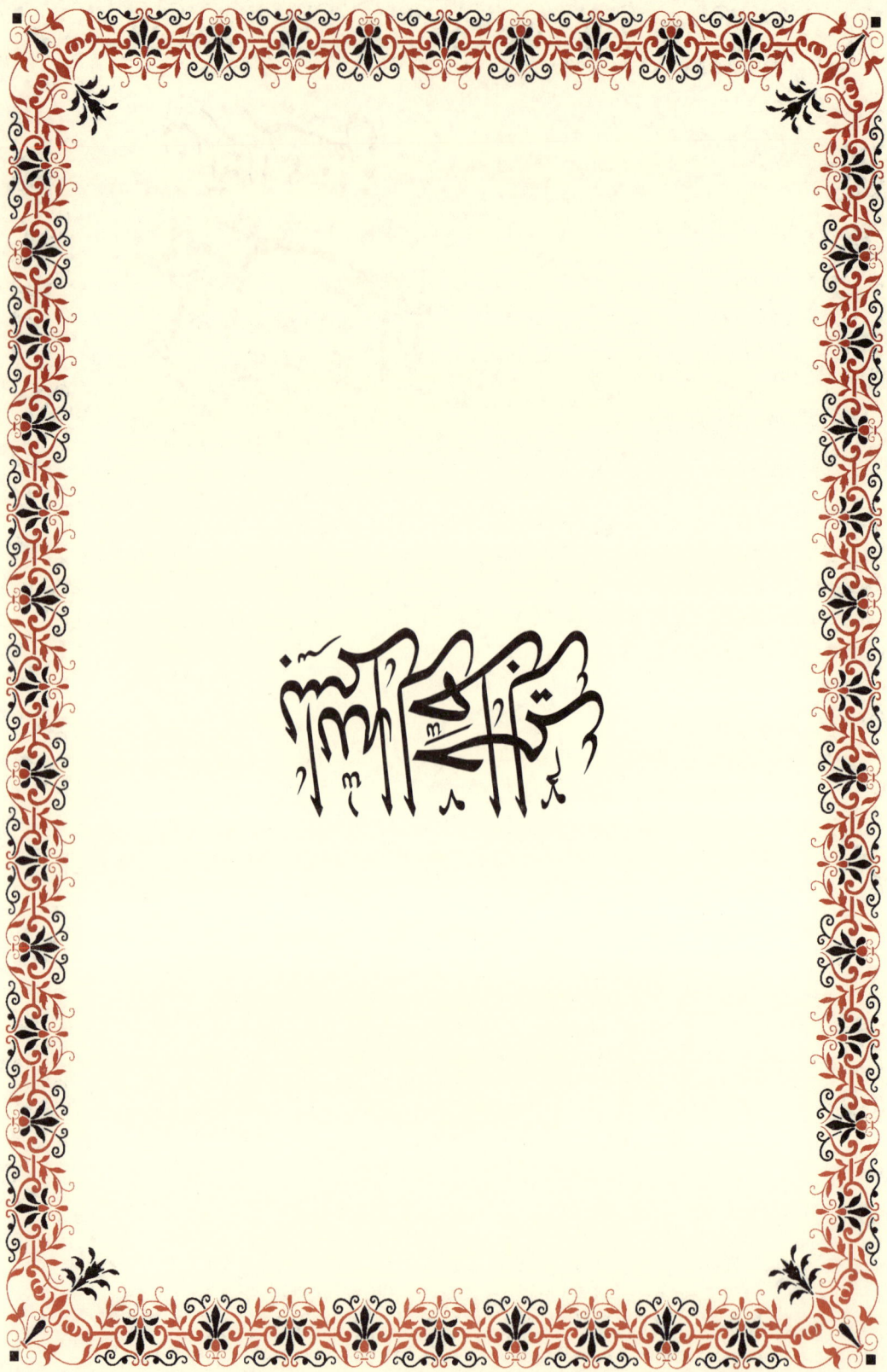

التجديد

في تفسير القرآن

تأليف

عبد الله بن يوسف الجديع

مؤسسة الريّان
للطباعة والنشر والتوزيع

ISBN:978-1-0687908-3-6

9 781068 790836

نشر
الجديع للبحوث والاستشارات
ليدز - بريطانيا
Aljudai Research & Consultations
Website: https://www.aljudai.com
Email: arac@fastmail.com

مؤسسة الريان
للطباعة والنشر والتوزيع

بيروت - لبنان: (009613) 207 488 ص.ب: 14/5136 الرمز البريدي: 11052020
البريد الالكتروني: alrayanpub2011@gmail.com الموقع الالكتروني: www.alrayanpub.com

بِسْمِ ٱللَّهِ ٱلرَّحْمَٰنِ ٱلرَّحِيمِ

الحَمدُ للهِ رَبِّ العالَمِينَ، وَأَشْهَدُ أن لا إلهَ إلَّا اللهُ وَحْدَهُ لا شَرِيكَ لَهُ، أنزلَ الكِتابَ بالْحَقِّ هُدًى لِلمُتَّقينَ، والصَّلاةُ والسَّلامُ على مَنْ بَعَثَهُ بالقُرآنِ بَشِيرًا وَنَذِيرًا لِعُقَلاءِ خَلْقِهِ أجمعِينَ، وَعلى آلِهِ وَصَحبِهِ أهلِ القُرآنِ وحُفَّاظِهِ والعامِلينَ بهِ، وَمَنِ اتَّبَعَهُمْ بإحْسانٍ إلى يَوْمِ الدِّينِ.

أمَّا بعدُ..

فإنَّ العِنايةَ بعُلومِ القُرآنِ مِن أَوْلى ما صُرِفَت إليه الهِمَمُ العالِيَةِ، واستُغِلَّتْ في الإقبالِ عليهِ العُقولُ الواعِيَةُ، وتَعلَّقتْ بهِ قُلوبُ مَن يُؤثِرُونَ الباقِيَةَ على الفانِيَةِ، فهذا الكِتابُ العَزِيزُ هو مَصدرُ النُّورِ والهِدايَةِ، والمحقِّقُ لأتباعِهِ السَّعادَةَ التَّامَّةَ في الدُّنيا والآخرَةِ، كَما قالَ تعالى: ﴿قَدْ جَآءَكُم مِّنَ ٱللَّهِ نُورٌ وَكِتَٰبٌ مُّبِينٌ ﴿١٥﴾ يَهْدِى بِهِ ٱللَّهُ مَنِ ٱتَّبَعَ رِضْوَٰنَهُۥ سُبُلَ ٱلسَّلَٰمِ وَيُخْرِجُهُم مِّنَ ٱلظُّلُمَٰتِ إِلَى ٱلنُّورِ بِإِذْنِهِۦ وَيَهْدِيهِمْ إِلَىٰ صِرَٰطٍ مُّسْتَقِيمٍ﴾ [المائِدَة: ١٥ ـ ١٦]، وعُلومُهُ لا تَقِفُ عندَ حدٍّ أو نِهايَةٍ، وهو خِطابُ اللهِ وحَدِيثُهُ لعبادِهِ، وسَنَدُ عِلمِهم إلَيهِ،

فِمِنْهُ ابْتِدَاؤُهُ إِلَيْهِمْ (١)، وبِهِ يَعُودُونَ إِلَيْهِ (٢)، فَمِنْهُ المَعْرِفَةُ، وإِلَيْهِ القَصْدُ.

وَإِذَا كَانَ اكْتَمَلَ نُزُولُهُ عَلَى رَسُولِهِ ﷺ مُنذُ أَرْبَعَةَ عَشَرَ قَرْنًا وَبِضْعَةِ عُقُودٍ، فَقَدْ كَانَ خِطَابًا لِمَنْ كَانَ حَيًّا يَوْمَ نُزُولِهِ، ثُمَّ لَمْ يَزَلْ خِطَابَ اللهِ تَعَالَى لِلْقُرُونِ مِنْ بَعْدُ إِلَى آخِرِ مَنْ يَبْلُغُهُ هَذَا القُرْآنُ، كَمَا قَالَ تَعَالَى: ﴿وَأُوحِيَ إِلَيَّ هَٰذَا ٱلۡقُرۡءَانُ لِأُنذِرَكُم بِهِۦ وَمَنۢ بَلَغَۚ﴾ [الأَنْعَام: ١٩]، وَهُوَ ﴿هُدٗى لِّلنَّاسِ﴾ [البَقَرَة: ١٨٥]، وَ﴿بَلَٰغٞ لِّلنَّاسِ وَلِيُنذَرُواْ بِهِۦ﴾ [إِبْرَاهِيم: ٥٢]، واسْمُ (النَّاسِ) يَصْدُقُ عَلَى جَمِيعِ بَنِي آدَمَ مِمَّنْ يَصِلُهُمُ القُرْآنُ، فَكُلُّهُمْ مُخَاطَبُونَ بِهِ: ﴿إِنَّآ أَنزَلۡنَا عَلَيۡكَ ٱلۡكِتَٰبَ لِلنَّاسِ بِٱلۡحَقِّۖ فَمَنِ ٱهۡتَدَىٰ فَلِنَفۡسِهِۦۖ وَمَن ضَلَّ فَإِنَّمَا يَضِلُّ عَلَيۡهَاۖ وَمَآ أَنتَ عَلَيۡهِم بِوَكِيلٍ﴾ [الزُّمَر: ٤١]، ﴿يَٰٓأَيُّهَا ٱلنَّاسُ قَدۡ جَآءَتۡكُم مَّوۡعِظَةٞ مِّن رَّبِّكُمۡ وَشِفَآءٞ لِّمَا فِي ٱلصُّدُورِ وَهُدٗى وَرَحۡمَةٞ لِّلۡمُؤۡمِنِينَ ۝ قُلۡ بِفَضۡلِ ٱللَّهِ وَبِرَحۡمَتِهِۦ فَبِذَٰلِكَ فَلۡيَفۡرَحُواْ هُوَ خَيۡرٞ مِّمَّا يَجۡمَعُونَ﴾ [يُونُس: ٥٧ ـ ٥٨]، فَلَا يُمْكِنُ أَنْ يَكُونَ كَذَلِكَ حُجَّةً للهِ عَلَى النَّاسِ، صَالِحًا لِلْقُرُونِ أَزْمِنَةً مُتَوَاصِلَةً مُتَوَالِيَةً،

---

(١) كَمَا قَالَ اللهُ تَعَالَى: ﴿قُلۡ نَزَّلَهُۥ رُوحُ ٱلۡقُدُسِ مِن رَّبِّكَ بِٱلۡحَقِّ﴾ [النَّحْل: ١٠٢]، وَقَالَ: ﴿نَزَلَ بِهِ ٱلرُّوحُ ٱلۡأَمِينُ ۝ عَلَىٰ قَلۡبِكَ لِتَكُونَ مِنَ ٱلۡمُنذِرِينَ ۝ بِلِسَانٍ عَرَبِيّٖ مُّبِينٖ﴾ [الشُّعَرَاء: ١٩٣-١٩٥]، فَمِنَ اللهِ أَخَذَهُ جِبْرِيلُ ﷺ دُونَ وَاسِطَةٍ، وَمِنْهُ لِرَسُولِ اللهِ مُحَمَّدٍ ﷺ دُونَ وَاسِطَةٍ، وَمِن رَسُولِ اللهِ ﷺ إِلَى أَصْحَابِهِ الأُمَنَاءِ دُونَ وَاسِطَةٍ، وَعَنْهُمْ حَمَلَتْهُ الأُمَّةُ كُلُّهَا يَأْخُذُهُ جِيلٌ مَنْ لَحِقَ عَمَّنْ سَبَقَهُ دُونَ وَاسِطَةٍ، فَما أَصَحَّهُ مِنْ إِسْنَادٍ! بَلْ هُوَ أَصَحُّ إِسْنَادٍ فِي الوُجُودِ.

(٢) عَنْ خَبَّابِ بْنِ الأَرَتِّ، قَالَ: "تَقَرَّبْ إِلَى اللهِ تَعَالَى مَا اسْتَطَعْتَ، وَاعْلَمْ أَنَّكَ لَسْتَ تَتَقَرَّبُ إِلَيْهِ بِشَيْءٍ هُوَ أَحَبُّ إِلَيْهِ مِنْ كَلَامِهِ". أَخْرَجَهُ ابْنُ أَبِي شَيْبَةَ (رقم: ٣٠٧٢٢)؛ وَأَبُو عُبَيْدٍ فِي "فَضَائِلِ القُرْآنِ" (ص: ٧٧)، وَأَحْمَدُ فِي "الزُّهدِ" (ص: ٣٥)، وَإِسْنَادُهُ صَحِيحٌ.

وأجيالًا مُتعاقِبَةً، وأمَمًا مُتكاثِرَةً مُتناثِرَةً، إلَّا وهوَ مُمكِنُ الأخْذِ لجَميعِهم، كُلٌّ بحسَبِ مدارِكه.

وَبناءً عَلى ما تَقدَّمَ، فإنَّ ذلكَ لا يُمكِنُ تحقُّقُهُ معَ ظَنٍّ أنَّ القُرْآنَ ألفاظٌ جامِدَةٌ، أو معَ اعتِقادِ ما تركَ منهُ الأوَّلُ للآخِرِ شَيئًا، فَقد أتَى عليهِ مَن سَبقَ، ولا حَظَّ فيهِ لمن لَحِقَ إلَّا التِّلاوَةُ والمتابَعَةُ، ولا يُقبَلُ فيهِ التَّعقُّبُ ولا المراجعَةُ، فهَذا ظَنٌّ فاسِدٌ، وَقَولٌ باطلٌ، وانحِرافُ مَن يَنحَرِفُ ويُفسِّرُ بهَواهُ لا يُسَدُّ بهِ الطَّريقُ المشروعُ، وإنَّما يُصوَّبُ ويُقوَّمُ ويُدفَعُ الباطلُ الممنُوعُ.

ومِن هُنا يأتي تناوُلُ موضُوعِ (التَّجدِيد في تَفسيرِ القُرآنِ)، وفي هذه الخلاصةِ تَوضِيحاتٌ وتَعريفاتٌ وَتَنبيهاتٌ موجَزَةٌ، وُضِعَتْ في تَناولِ هذا الموضوعِ لاستِثارَةِ الهِمَّةِ للتَّفقُّهِ في القُرآنِ، والأخذِ بالنَّصِيبِ المشرُوعِ لكُلِّ مَن قَصدَ إلى ذلكَ.

مَفهُومُ التَّجدِيدِ

بَينَ يَدَي بَيَانِ مَوضُوعِ هذِهِ الرِّسَالَةِ لا بُدَّ مِن وَقْفَةٍ مَعَ مُفرَدَتي (التَّجدِيدِ) و(التَّفسِيرِ)، لِيُدْرَكَ المقصُودُ بِالعُنوانِ.

فأمَّا التَّجْدِيدُ، فمُفرَدَةٌ نَبويَّةٌ:

فعَن أبِي هُرَيرَةَ، عَن رَسُولِ اللهِ ﷺ قالَ: «إنَّ الله يَبْعَثُ لهذه الأُمَّةِ عَلى رأسِ كُلِّ مِئَةِ سَنةٍ مَن يُجَدِّدُ لها دِينَها»(١).

وقَد حَدَّثَ عَبدُالملكِ المَيْمُونِيُّ، قالَ: كنتُ عِندَ أحمدَ بْنِ حَنْبلٍ، وجرَى ذِكْرُ الشَّافِعيِّ، فرأيتُ أحمدَ بْنَ حَنبلٍ يَرْفَعُهُ. وقالَ: «رُوِيَ عَنِ النَّبيِّ ﷺ: (إنَّ اللهَ تعالى يَبْعَثُ لهذِهِ الأُمَّةِ عَلى رأسِ كُلِّ مِئَةِ سَنةٍ مَن يُقَوِّمُ لها دِينَها)، فكانَ عُمَرُ بْنُ عَبدِالعَزِيزِ

---

(١) أخرَجهُ أبُو داوُدَ (رقم: ٤٢٩١)، وإسنادُه صَحِيحٌ. وقَد قالَ رَاوِيهِ فيهِ: «عَن أبِي هُرَيرَةَ فِيمَا أعلَمُ»، كَمَا أشَارَ أبُو داوُدَ إلَى أنَّهُ رُوِيَ مِن وَجهٍ آخرَ، لَكِن قَصَّرَ رَاوِيهِ في إسنادِهِ، وَمَن أسنَدَهُ فهُوَ ثِقَةٌ ضَابِطٌ. وانظُرْ: المقَاصِدَ الحَسَنَةَ، لِلسَّخَاوِيِّ (رقم: ٢٣٨). وقَدِ اشتَهَرَ الحَدِيثُ بِلفظِ: «... مَن يُجَدِّدُ لها أمرَ دِينِها»، وهَذِهِ الكَلِمَةُ (أمرَ) ليسَت مَحفُوظَةً في الحديثِ عِندَ أيٍّ مِمَّن خَرَّجهُ، وإن كانَ المعنَى صَحِيحًا.

عَلى رَأسِ المِئةِ، وَأرجُو أن يَكونَ الشَّافِعيُّ عَلى رَأسِ المِئةِ الأُخرَى»(١).

قالَ المَجدُ ابنُ الأثِيرِ: «قَد تكلَّمَ العُلماءُ في تأويلِ هذا الحَديثِ، كُلُّ واحِدٍ في زَمانِهِ، وَأشارُوا إلى القائمِ الَّذِي يُجَدِّدُ للنَّاسِ دِينَهم على رَأسِ كُلِّ مِئةِ سَنةٍ، وكأنَّ كُلَّ قائلٍ قَد مالَ إلى مَذهَبِهِ وَحَملَ تأويلَ الحَديثِ عليهِ، والأولى أن يُحمَلَ الحَديثُ على العُمومِ».

قالَ: «وَلا يَلزَمُ منهُ أن يَكونَ المبعُوثُ عَلى رَأسِ المِئةِ رَجُلًا واحِدًا، وَإنَّما قَد يَكونُ واحِدًا، وقَد يَكونُ أكثَرَ منهُ، فإنَّ لَفظَة (مَن) تَقَعُ عَلى الواحِدِ والجمعِ.

وكَذلكَ لا يَلزَمُ منهُ أن يَكونَ أرادَ بالمبعُوثِ: الفُقهاءَ خاصَّةً، كَما ذهَبَ إليهِ بَعضُ العُلماءِ، فإنَّ انتفاعَ الأُمَّةِ بالفُقهاءِ، وإن كان نَفعًا عامًّا في أمورِ الدِّينِ، فإنَّ انتفاعَهم أيضًا بغَيرِهم كثيرٌ، مِثلُ أولي الأمرِ، وأصحابِ الحَديثِ، والقُرَّاءِ، والوُعَّاظِ، وأصحابِ الطَّبقاتِ مِن الزُّهَّادِ، فإنَّ كلَّ قَومٍ يَنفَعونَ بفَنٍّ لا يَنفَعُ بهِ الآخَرُ، إذ الأصلُ في حِفظِ الدِّينِ حِفظُ قانونِ السِّياسَةِ، وبَثُّ العَدلِ والتَّناصُفِ الَّذِي بهِ تُحقَنُ الدِّماءُ ويُتَمَكَّنُ مِن إقامةِ قَوانينِ الشَّرعِ، وهَذا وَظِيفةُ أولي الأمرِ، وكذلكَ أصحابُ الحَديثِ يَنفَعونَ بضَبطِ الأحاديثِ الَّتي هي أدِلَّةُ الشَّرعِ، والقُرَّاءُ يَنفَعونَ بحفظِ القِراءاتِ وضَبطِ الرِّواياتِ،

---

(١) أخرَجهُ البَيهَقيُّ في «مَناقِب الشَّافِعيِّ» (٥٥/١)، وَ «المدخَل إلى عِلم السُّنَن» (رقم: ٨٠)؛ وابنُ عَبدِالبَرِّ في «الانتِقاء» (ص: ١٢٦)، وَإسنادُهُ صَحِيحٌ.

والزُّهَّادُ يَنْفَعُونَ بِالمَواعِظِ والحثِّ عَلَى لُزومِ التَّقوى والزُّهدِ في الدُّنيا، فكُلٌّ واحِدٍ يَنفَعُ بِغَيرِ ما يَنْفَعُ بِهِ الآخَرُ، لكِنَّ الَّذي يَنبَغي أَن يكونَ المَبعوثُ عَلى رَأسِ المئةِ رَجُلًا مَشهورًا مَعروفًا، مُشارًا إليهِ في كُلِّ فَنٍّ مِن هذِهِ الفُنونِ، فإذا حُمِلَ تأويلُ الحديثِ على هذا الوَجْهِ كانَ أولى وأبعدَ مِنَ التُّهَمَةِ، وأشبهَ بِالحِكمةِ، فإنَّ اختلافَ الأئمَّةِ رَحمةٌ، وتقريرَ أقوالِ المجتهدينَ مُتَعيِّنٌ، فإذا ذَهَبْنا إلى تَخصيصِ القَولِ على أَحَدِ المذاهبِ، وأوَّلْنا الحديثَ عليهِ، بَقِيَت المذاهبُ الأُخرى خارجةً عَن احتِمالِ الحديثِ لها، وكانَ ذلكَ طَعْنًا فيها. فالأَحسَنُ والأجدَرُ أَن يكونَ ذلكَ إشارةً إلى حُدوثِ جماعةٍ مِنَ الأكابِرِ المشهورينَ عَلى رَأسِ كُلِّ مئةِ سَنةٍ يُجَدِّدُونَ للنَّاسِ دِينهم، وَيحفظونَ مَذاهِبَهم الَّتي قَلَّدوا فيها مجتهديهم وأئمَّتَهم»[١].

وأَحسَنُ ما يُفَسَّرُ بِهِ قَولُهُ ﷺ: «دِينها»، ما لَخَّصَتْهُ عِبارةُ المناوِيِّ، قالَ: «ما انْدَرَس مِن أحكامِ الشَّريعَةِ، وما ذَهَبَ مِن مَعالِمِ السُّنَنِ، وخَفِيَ مِن العُلومِ الدِّينيَّةِ الظَّاهِرَةِ والباطِنَةِ»، واستَدَلَّ عَلى الانْدِراسِ بِقَولِهِ ﷺ في صَدْرِ الحديثِ: «إنَّ الله يَبْعَثُ»، فالبَعثُ إنَّما يَكونُ بَعْدَ فُتورٍ ودُروسٍ.

ثُمَّ قالَ: «وذلكَ لأنَّهُ سُبحانه لَمَّا جَعلَ المصطفى خاتمةَ الأنبياءِ والرُّسلِ، وكانَت حَوادِثُ الأيَّامِ خارجةً عَن التَّعدادِ، ومَعرفَةُ أحكامِ الدِّينِ لازمةً إلى يَومِ التَّنادِ، وَلم تَفِ ظَواهِرُ النُّصوصِ بِبَيانِها،

بَل لا بُدَّ مِن طريقٍ وافٍ بشَأنِها، اقتَضَتْ حِكمَةُ الملكِ العَلَّامِ ظُهورَ قَرْمٍ مِن الأعلامِ في غُرَّةِ كُلِّ قَرنٍ ليَقومَ بأعباءِ الحوادثِ؛ إجراءً لهذهِ الأُمَّةِ مَعَ عُلمائِهم مجرَى بَني إسرائِيلَ مع أنبيائِهم»(١).

ويُؤَيِّدُ هذا قَولُهُ ﷺ في الحدِيثِ المشْهُورِ: «**إنَّ العلماءَ وَرَثَةُ الأنبياءِ، وإنَّ الأنبياءَ لم يُوَرِّثُوا دينارًا ولا دِرهمًا، إنَّما وَرَّثُوا العِلمَ، فمَن أخذَهُ أخذَ بحظٍّ وافرٍ**»(٢).

وَمِن كَلَامِ أحمدَ بْنِ حَنْبَلٍ: «الحَمْدُ لله الَّذِي جَعلَ فِي كُلِّ زمانٍ بَقايا مِنْ أهلِ العلمِ، يَدْعُونَ مَن ضَلَّ إلى الهُدَى، ويَنْهَوْنَه عَنِ الرَّدى، يُحْيُونَ بكِتابِ الله تَعالى الموتَى، وبسُنَّةِ رَسُولِ اللهِ ﷺ أهلَ الجَهالَةِ والرَّدَى، فكَم مِن قَتِيلٍ لإبليسَ قَدْ أحيَوْهُ! وكَم مِن ضالٍّ تائهٍ قَدْ هَدَوْهُ، فَما أحسَنَ آثارَهُم على النَّاسِ! يَنْفونَ عَن دِينِ الله ﷻ تحريفَ الغالِينَ، وانتِحالَ المبطِلينَ، وتَأوِيلَ الضَّالِّينَ، الَّذين عَقَدُوا ألوِيَةَ البِدَعِ، وأطلَقُوا عِنانَ الفِتْنَةِ، يَقولُونَ على الله وفي الله، تعالى الله عَمَّا يَقولُ الظَّالِمونَ عُلُوًّا كَبيرًا، وفي كِتابهِ، بغَيرِ عِلْمٍ، فَنَعوذُ باللهِ مِن كُلِّ فِتْنَةٍ مُضِلَّةٍ»(٣).

---

(١) فَيْض القَدِيرِ، للمُناوِيِّ (١/ ١٠). والقَرْم: الفَحْل.

(٢) أخرَجهُ أحمَدُ (رقم: ٢١٧١٥)؛ وأبو داوُد (رقم: ٣٦٤١، ٣٦٤٢)؛ والتِّرمذِيُّ (رقم: ٢٦٨٢)؛ وابنُ ماجةَ (رقم: ٢٢٣)، وهُوَ حَدِيثٌ حَسَنٌ.

(٣) جاءَ هَذا في رِسالَةِ أحمَدَ بْنِ حَنْبَلٍ إلى مُسَدَّدِ بن مُسَرْهَدٍ، كَما أَخرَجَها ابنُ أبي يَعْلى في «طَبَقاتِ الحَنابِلَةِ» (١/ ٣٤٢)، وابنُ الجَوزِيِّ في «مَناقِب أحمَدَ» (ص: ٢٢٤). وهُوَ أيضًا في صَدْرِ كِتابِ «الرَّدِّ على الزَّنادِقَة والجَهمِيَّة =

فما تَقدَّمَ يُقرِّرُ أنَّ التَّجْدِيدَ في الدِّينِ مَطلُوبٌ، والقائِمينَ به قائِمُونَ بوَظيفَةِ النَّبيِّ ﷺ في أمَّتِهِ من بَعدِهِ، وهو أصلٌ في الدِّيانَةِ: فهو اجْتِهادٌ، والاجتِهادُ فَرضٌ ماضٍ تَقْتَضِيهِ طَبيعةُ الحياةِ البشريَّةِ وتغيُّراتُها.

ومِمَّا يَجبُ التَّنبُّهُ له: أنَّ تَجدِيدَ الدِّينِ، هُوَ إحياءٌ أو إعادَةٌ للدِّينِ عَلى الصِّفَةِ الَّتي شَرَعَه الله عَليها، وهو ما جاءَ به الرَّسُولُ ﷺ من دِينِ الإسلامِ، وليسَ مِن تَجدِيدِ الدِّينِ تَعطِيلُ شيءٍ من شَرائعهِ أو إبطالُها، فهذا مِنَ الإيمانِ ببَعضِ الكِتابِ والكفرِ بِبَعضِهِ، وذلِكَ كفِكْرِ مَن يَدعُو إلى قراءَةِ شَرائعِ الدِّينِ قراءةً تاريخِيَّةً، على مَعنى أنَّ شرائعَ الإسلامِ جاءَت لمعالجَةِ حالِ النَّاسِ في زمَانٍ غيرِ زَمانِنا، فكانت مُناسِبَةً لعَصرِ نُزولِها، وأحوالَ النَّاسِ متغيِّرَةٌ، فالتَّجدِيدُ عندَ هؤلاءِ يَقتَضِي أن يُشرَّعَ لأهلِ كُلِّ عصرٍ ما يُناسِبُ ظَرفَهُمْ في سِياقِ المبادئِ العامَّةِ للإسلامِ، كالعَدْلِ والحُرِّيَّةِ، وليسَ في سِياقِ التَّفاصِيلِ الجُزئِيَّةِ التَّطبيقيَّةِ.

هَذا المنهَجُ مع كَثرَةِ الأفرادِ الدَّاعِينَ له مِمَّن يُنسَبُ إلى الفِكْرِ، يَنطَلقُ مِن التَّأثُّرِ بالانقِلابِ الغربيِّ على التُّراثِ الدِّينيِّ النَّصرانيِّ وما أورَثَهُ من التَّقدُّمِ الحضَارِيِّ عندَ الغَربيِّينَ،

= فِيما شَكَّتْ فيهِ مِن مُتَشابهِ القُرآنِ وتَأوَّلَتْه على غيرِ تَأويلِهِ»، وهَذا الكِتابُ في إسنادِهِ إلى أحمدَ نَظَرٌ، لكِنْ رِوايَةُ رِسالَتِهِ إلى مُسَدَّدٍ جاءَتْ بإسْنادٍ آخَرَ يُحْتَمَلُ مِثلُهُ.

وَرُوِيَ بَعضُ هذا الكلام عَن عُمَرَ بْنِ الخَطَّابِ، أخرَجه ابنُ وَضَّاحٍ في «البِدَعِ» (رقم: ٣)، وإسْنادُهُ مُعْضَلٌ.

فَالقُرآنُ للمُسلِمِينَ عِندَ هؤُلاءِ كالكِتابِ المُقدَّسِ عِندَ النَّصارَى، وعُلماءُ الإسلامِ في تَفسِيرِهم للإسلامِ كالأحبارِ والرُّهبانِ، ولو كانَتِ الحَقِيقَةُ كذلكَ لم يَكُن على هؤُلاءِ في فِكرِهم من غَضاضَةٍ، لكن مجرَّدُ هذهِ المقايَسَةِ دليلٌ على ما عليهِ هؤُلاءِ من الجَهلِ العَظِيمِ بشَرائِعِ الإسلامِ وبالتُّراثِ العِلميِّ لأُمَّةِ الإسلامِ، وما كانت عليه من التَّجدِيدِ الدَّائمِ لدِينِها مع عدَمِ اعتِقادِ العِصْمَةِ لهذا التُّراثِ.

هذا إذا أَحسَنَّا الظَّنَّ بهذا الفَرِيقِ من مُدَّعِي الفِكرِ وبرَّأناهم من مَقاصِدِ الهوَى والإلحادِ.

◻ والتَّجدِيدُ فيما نحنُ بصَدَدِهِ، وهو تَفسِيرُ القُرآنِ، يكُونُ في سِياقَيْنِ:

الأوَّلُ: إعادَةُ الشَّيءِ إلى أصلِهِ الأوَّلِ، وتَفعِيلُ ذلكَ الأصلِ من جَدِيدٍ.

والتَّجدِيدُ هُنا بِتَصَوُّرِ كونِ النَّصِّ القُرآنيِّ أُنزِلَ السَّاعَةَ، وذلكَ بِدَلالَةِ عُمومِ الخِطابِ المُستَغرِقِ للنَّاسِ كُلِّهِم، ويتِمُّ التَّعامُلُ معَهُ بحُسْنِ التَّدَبُّرِ واستِصْحابِ ما يُعِينُ عليهِ مِنَ الوَسائِلِ.

والثَّاني: إبرازُ القَدِيمِ بثَوبٍ جَدِيدٍ، وهُو صَبغُهُ بما يُناسِبُ الظَّرْفَ الجَدِيدَ.

ويتِمُّ هَذَا بتَناوُلِ المَوجُودِ في التَّفسِيرِ ممَّا أبدَعَتهُ المَعرِفَةُ البشريَّةُ، وصِياغَتِهِ بصِيغَةٍ تُناسِبُ لُغَةَ العَصرِ.

وقَد يَندَرِجُ في هَذا السِّياقِ ما يُمكِنُ تَسْمِيَتُهُ (التَّفسِير المقارَن)، والَّذي يَتِمُّ عن طَريقِ تَتَبُّعِ ما كُتِبَ في تَفسيرِ الآيَةِ وَالموازَنَةِ بَينَهُ وتَحقِيقهِ وتَرجِيحِ الرَّاجِحِ.

مَفهومُ التَّفسيرِ

التَّفسيرُ في اللُّغَةِ: تَفعيلٌ مِن الفَسْرِ، ومَعناهُ: الإبانةُ والكَشْفُ.

قال الرَّاغِبُ: «الفَسْرُ: إظهارُ المعنى المعقُولِ»[1].

واصطلاحًا (مُضافًا إلى القرآنِ): علمٌ يُفهَمُ بهِ القرآنُ: بمعرفةِ مَعانيهِ، واستخراجِ أحكامِهِ وحِكَمِهِ، وعِظاتِهِ وعِبَرِه.

وكانَ السَّلَفُ يُسَمُّونَه (علمَ التأويلِ).

وهذا التَّعريفُ يَعني أنَّ (التَّفسيرَ) ليسَ مُجَرَّدَ إبانةٍ عَنِ المعنى، إنَّما هو كَشْفٌ عَن كُلِّ ما يحتَمِلُهُ اللَّفظُ مِنَ المعاني القريبةِ الجليَّةِ والعَميقةِ الدَّقيقةِ الخفيَّةِ، وذلِكَ بطريقٍ مِن طُرُقِ الاستِنباطِ مِن جِهَةِ اللُّغَةِ أو الأُصُولِ.

◻ تاريخُ التَّفسيرِ:

وَفي مُقدِّمةِ النَّظَرِ في مَوضُوعِ (التَّجديدِ في التَّفسيرِ)،

---

(١) مُفرَدات ألفاظ القرآن، للرَّاغِب الأصفَهانيِّ (ص: ٦٣٦ مادَّة: فسر).

يَنبَغِي سِياقُ بَيانٍ موجَزٍ في كيفِيَّةِ تَناوُلِ التَّفسيرِ في تاريخِ الأمَّةِ وتُراثِها؛ لِتَبَيُّنِ دَورِها في تَجدِيدِ تَفسِيرِ القُرآنِ، ومِن أجلِ أن لا يأتِيَ الكلامُ في هذا الموضُوعِ كالمقطُوعِ عنِ السِّياقِ(١):

لَقد خُوطِبَ كُلُّ النَّاسِ بهَذا القُرآنِ، وأوَّلُ مَن تَناولَهُمُ الخِطابُ مِنْ أمَّةِ الإسلامِ كانُوا أصحابَ النَّبيِّ ﷺ، فمعَ نُزولِ القُرْآنِ بِلِسانِهم لم يَكونوا يَتعجَّلُونَ الكلامَ فيهِ، بل كانَ منهَجُهم في تَلقِّيهِ أنَّهُم إذا جاءَ الوَحيُ مِنَ السَّماءِ انتَظَروا بيانَ رَسولِ اللهِ ﷺ وتَفسِيرَهُ فيما يحتاجُ إلى شَرحِهِ وبيانِهِ، وربَّما عَمَدُوا إلى التَّبَيُّنِ منْهُ فيما يُسْتَشْكَلُ، فقَد كانَ مَرْجِعَهُم في تَبيينِ الكِتابِ، ولم يكونُوا يَصْدُرونَ فيهِ عَن سِواهُ، فقَدْ كَفاهُم في ذلكَ إلى أن لَقِيَ رَبَّهُ.

ومِن هُنا كانَتِ السُّنَّةُ النَّبوِيَّةُ البيانَ البَشرِيَّ الأوَّلَ للقُرآنِ، وذلكَ كَما قالَ تعالى: ﴿وَأَنزَلْنَآ إِلَيْكَ ٱلذِّكْرَ لِتُبَيِّنَ لِلنَّاسِ مَا نُزِّلَ إِلَيْهِمْ وَلَعَلَّهُمْ يَتَفَكَّرُونَ﴾ [النَّحل: ٤٤].

فلمَّا جاءَ العَهْدُ بعدَ النَّبيِّ ﷺ، واتَّسَعَتْ رُقْعَةُ بلادِ الإسلامِ، ودخَلَتْ فيهِ أمَمٌ، وفيهم خَلائقُ لم يكُن القُرآنُ بلِسانهِم، احتاجُوا إلى أن يُبيَّنَ لهُم، فَفزِعُوا إلى أصحابِ النَّبيِّ ﷺ، فشَرَحوهُ لهم وبَيَّنوهُ اقتداءً بنَبيِّهم ﷺ وقِيامًا بفَرضِ الوِراثَةِ العلميَّةِ عنهُ،

(١) انظر كِتابي: المقدِّمات الأساسِيَّة في عُلومِ القُرآنِ - المقدِّمَة الخامِسَة.

وقَد تميَّزَتْ منهُم طائِفَةٌ في تَفسِيرِ القُرآنِ وبَيانِهِ، وبخاصَّةٍ مَن عَمَّرَ وطالَ مُكثُهُ فِي النَّاسِ، مِثلُ: علِيِّ بن أبي طالبٍ، وعبدِاللهِ بْنِ مَسعودٍ، وعبدِاللهِ بْنِ عبَّاسٍ، وأُبيِّ بْنِ كعبٍ، وزيدِ بْنِ ثابتٍ، وعائشةَ أمِّ المؤمنِينَ، وَعَبْدِالله بْنِ عُمَرَ، وأَنَسِ بْنِ مالكٍ، وسِواهم.

وكانَتِ الرَّايَةُ فيهِ لعليِّ بْنِ أَبِي طالبٍ، ثُمَّ لحَبْرِ الأمَّةِ وتُرجُمانِ القُرآنِ عَبْدِاللهِ بن عَبَّاسٍ، كما كانَ لابنِ مَسعُودٍ فيهِ معَ عليٍّ التَّقدُّمُ، إلَّا أنَّ ابنَ عبَّاسٍ تأخَّرَ بعدَهما زمانًا فتعرَّضَ للتَّفسيرِ بأوسَعَ مِمَّا تعرَّضَ إليهِ فيه غيرُه مِن الصَّحابَةِ الكِبارِ، مع ما انضَمَّ إلى ذلكَ مِن دُعاءِ النَّبيِّ ﷺ لهُ بتَأويلِ القُرآنِ[(١)].

وقَد كانَ عليٌّ يَقولُ: «سَلوني عن كِتابِ اللهِ، فإنَّه ليسَ مِن آيَةٍ إلَّا وقَدْ عَرَفْتُ بلَيْلٍ نزَلَتْ أم بنَهارٍ، في سَهْلٍ أم في جَبَلٍ»[(٢)].

وكان ابنُ مَسعُودٍ يقُولُ: «وَاللهِ الَّذي لا إلهَ غيرُهُ، ما أُنزِلَتْ سُورَةٌ مِن كِتابِ اللهِ، إلَّا أنا أعلَمُ أينَ أُنزِلَتْ، وَلا أنزِلَتْ آيةٌ من كِتابِ اللهِ إلَّا أنا أعلَمُ فيمَ أُنْزِلَتْ، ولو أعْلَمُ أحدًا أعْلَمَ منِّي بكِتابِ اللهِ تُبَلِّغُهُ الإبِلُ لَرَكِبْتُ إليهِ»[(٣)].

واعلَمْ أنَّ المفسِّرينَ مِنَ الصَّحابَةِ تكلَّموا في بَيانِ القُرآنِ

---

(١) وذَلكَ في قَوْلِهِ ﷺ: «اللَّهُمَّ فَقِّهْهُ فِي الدِّينِ، وَعَلِّمْهُ التَّأْوِيلَ». أخرَجَهُ أحمَدُ (رقم: ٢٣٩٧، ٢٨٧٩)، وإسنادُهُ جيِّدٌ.

(٢) أخرجَهُ ابنُ سعدٍ (٢/٣٣٨)، وإسنادُهُ صحيحٌ.

(٣) متَّفقٌ عليه: أخرجَهُ البُخارِيُّ (رقم: ٤٧١٦)؛ ومُسلِمٌ (رقم: ٢٤٦٣).

مِن جِهَةِ لُغَتِهِ وَعِلمِهم بنُزُولِهِ وَناسخِهِ ومَنسُوخِهِ وعِلمهم بالسُّنَنِ النَّبويَّةِ وشَرائعِ الإسلامِ، ورأَوا أنَّ ذلكَ مِن حَقِّهم في فَهْمِ القُرآنِ ومِنْ حَقِّ النَّاسِ عليهم في بَيانهِ، ومُعظَمُ المنقولِ عنهم إنَّما قالُوه بآرائهم المسدَّدَةِ.

ثُمَّ تَخرَّجَ من مَدرسَةِ الصَّحابَةِ خَلْقٌ من التَّابعِين من جَميعِ الأمصارِ، أصبَحَت لهم من بعدُ الإمامَةُ في تَفسيرِ القُرآنِ، وفي طَليعتِهم كِبارُ أصحابِ ابنِ عبَّاسٍ، مِثلُ: مُجاهِدٍ المكِّيِّ، وسَعيدِ بن جُبيرٍ، وعِكرمَةَ مولى ابنِ عبَّاسٍ، وعَطاءِ بن أبي رَباحٍ، وطاوُسٍ اليَمانيِّ. ومن أصحابِ غيرِ ابنِ عبَّاسٍ، مِثْلُ: سَعيدِ بن المسيَّبِ، وزيدِ بن أسْلَمَ، وأبي العاليةِ، ومحمَّدِ بن كعبٍ القُرظيِّ، ومُرَّةَ الهَمْدانيِّ، وعامرٍ الشَّعبيِّ، وَالحَسَنِ البصريِّ، ومحمَّدِ بْنِ سيرينَ، وقتادةَ السَّدوسِيِّ، وغيرِهم.

وتكلَّمَ هؤُلاءِ وطَبَقَتُهُم بما لم يَتكلَّمْ فيهِ المفسِّرونَ مِنَ الصَّحابَةِ.

وطَريقُ العلمِ بكلامِ الصَّحابَةِ والتَّابعِينَ في تَفسيرِ القُرآنِ هُوَ الرِّوايَةُ عَنهم، فلم يَصِحَّ عن أحدٍ منهم أنَّه ألَّفَ تَفسِيرًا للقُرآنِ، وما يُنسَبُ لبَعضِهم من ذلكَ فهُوَ رِوايَةٌ عنهمُ تمَّ جَمْعُها لهم، وفيها ما تَثبُتُ نِسبتُه، وفيها ما لا تَثْبُتُ.

إنَّما جاءَ التَّأليفُ في التَّفسيرِ بعدَهُم، ففي طَبقَةِ أتباعِ التَّابعينَ ألَّفَ في التَّفسيرِ: عَبدُالرَّحمن بن زَيْدِ بن أسْلَمَ، وسَعيدُ بْنُ أبي عَروبَةَ، وعَبْدُالملكِ بْنُ عبدالعَزيزِ بْنِ جُرَيْجٍ، وسُفيانُ الثَّوريُّ، وغيرُهُمْ.

وبَعْدَ طَبقةِ هؤلاءِ زادَ المصنِّفونَ فيه، فتَلاهُم في المئَةِ الثَّالِثَةِ: عبدالرَّزَّاق الصَّنعانيُّ، وسَعيدُ بْنُ مَنْصورٍ، وأبو بكرِ بن أبي شَيبةَ، وعَبْدُ بْنُ حُميدٍ، وغيرُهُم.

وغلبَ على هذهِ الطَّبَقَةِ جَمْعُ الأحاديثِ والآثارِ المروِيَّةِ بأسانيدِها في التَّفسِيرِ، فكانَ إبداعُهم في جَمعِ المأثورِ المنثُورِ وتَصنِيفِهِ بحسَبِ سُوَرِ القُرآنِ.

ولأئِمَّةِ الحديثِ في مُصنَّفاتِهم في جَمعِ السُّنَنِ اعتِناءٌ ظاهرٌ في إفرادِ التَّفسيرِ بكِتابٍ في تلكَ المصنَّفاتِ، فعَلَ ذلكَ البُخاريُّ ومُسْلِمٌ في «صَحيحَيهِما»، والتِّرمذِيُّ في «جامعِهِ»، والنَّسائِيُّ في «السُّنَنِ الكُبرَى».

وفي طبَقتِهِمْ وبَعدَهُم بيَسيرٍ طائفةٌ مِن أعْيانِ أئمَّةِ العربيَّةِ قَصَدُوا إلى بيانِ عَربيَّةِ القرآنِ ومَعاني ألْفاظِهِ في لِسانِ العَربِ مُستَشهِدينَ لذلك بشِعْرِهم ونَثْرِهِم، فكانَت لهؤلاءِ إضافتُهم المتميِّزَةُ في خِدْمَةِ القُرآنِ، مِنْهُم: الفرَّاءُ، وأبو عُبَيْدَة مَعْمَرُ بن المثنَّى، والأخفَشُ سَعيدُ بْنُ مَسْعَدَةَ، وابنُ قُتَيْبَةَ الدِّينَورِيُّ.

ثُمَّ في أواخِرِ المئةِ الثَّالثةِ وأوَّلِ الرَّابِعَةِ بدأَ ظُهورُ المصنَّفاتِ الجَوامِعِ في التَّفسيرِ، ومِنْها التي تَستَعْمِلُ جَميعَ آلَةِ المفسِّر، مِن أثَرٍ ولُغَةٍ ورأيٍ، فمِنْ أشْهَرِ المصنِّفينَ فيهِ: أبو جَعْفرٍ مُحمَّدُ بْنُ جَريرٍ الطَّبريُّ، وأبو بَكْرِ بْنُ المنْذِرِ، وابنُ أبي حاتِمٍ الرَّازيُّ.

وأَجَلُّ كُتُبِ هَذِهِ الطَّبَقَةِ تَفسِيرُ الطَّبَرِيِّ، فَقَد جَدَّدَ في التَّفسِيرِ تَجدِيدًا لا نَظِيرَ لَهُ قَبلَهُ، حَتَّى أَصبَحَ ما جَمَعَ وَحَرَّرَ وقَرَّرَ مَرجِعًا لِمَن جاءَ بعدَهُ إلى اليَومِ وإلى ما شاءَ الله، ولِبُلوغِ الطَّبَرِيِّ رُتبَةَ الاجتِهادِ فقد اشتَمَلَ تَفسِيرُهُ على عُلومٍ جَمَّةٍ وتَحقِيقاتٍ نَفِيسَةٍ لم يُسبَقْ إلى كَثيرٍ منها، وذلكَ لِما أدرَكَهُ مِن حَقِّه في التَّدَبُّرِ، وَحَقِّ الأُمَّةِ في البَيَانِ، وما مِن أحَدٍ مِن أهلِ العلمِ إلّا وهُوَ يَعرِفُ لهُ قَدرَهُ ومحلَّهُ وإمامَتَهُ.

وفي أثناءِ المِئَةِ الرَّابِعَةِ بدأ التَّفسِيرُ بالرَّأيِ يَشِيعُ، وكانَ وجودُهُ قبلَ ذلكَ قَلِيلًا، وظَهَرَت كذلكَ مُشارَكاتُ بَعضِ المعروفِينَ بالبِدعَةِ، فتكلَّمَتْ طائفةٌ في التَّفسِيرِ على مَناهِجِهم في نُصرَةِ مَذاهِبِهم، كالمعتزلَةِ، والشِّيعَةِ.

وفي هذا الوَقتِ وبَعدَهُ كَثُرَ التَّصنِيفُ في التَّفسِيرِ، حتَّى فاقَتِ المصنَّفاتُ فيهِ الحصرَ، كَما هُوَ الشَّأنُ في سائرِ الفُنونِ، وتَنوَّعَت فيهِ المسالكُ بينَ اختِصارٍ وتطويلٍ، واتِّباعٍ وابتِداعٍ، وتَوسَّعَ النَّاسُ فيهِ بالرَّأيِ، بينَ مَحمودٍ ومَذمومٍ، وطريقُ الفَصلِ في ذلِكَ كُلِّهِ يكونُ بمعرِفَةِ الصِّفَةِ الَّتي يَنبَغِي أن يَكُونَ عليها المفسِّرُ، والمنهَجِ الَّذي يجِبُ اتِّباعهُ، مَما يأتِي ذِكْرُهُ مُوجَزًا.

وكلُّ ذلِكَ عِندَ مَن تعرَّضَ لهُ كانَ لاعتِقادِ الجَمِيعِ أنَّهُم مُنِحوا الحَقَّ في تَفسِيرِ القُرآنِ وبَيَانِهِ، وأنَّهُ ليسَ حُكْرًا على أهلِ عَصرٍ دُونَ سِواهُ.

وينبَغِي في هَذا السِّياقِ العِلمُ بأنَّ التَّأليفَ في التَّفسِيرِ دَخلَتهُ التَّقاسِيمُ بحَسَبِ ما اقتَضَتْهُ الحاجَةُ، فظَهَرَ التَّفسِيرُ بحَسَبِ الأبوابِ، كتَفسيرِ آياتِ الصِّفاتِ، وقَصَصِ القرآنِ، وآياتِ الأحكامِ، وغيرِ ذلكَ، وكانَ مِنْ أبرَزِ تِلكَ الكُتُبِ: تَفسيرُ آياتِ الأحكامِ، فقَدْ لَقِيَ مِنَ التَّحريرِ والتَّهذيبِ ما لم يَكُن مِثْلُهُ لسائرِ الأبوابِ، ولا يَخفى أنَّ سَبَبَهُ ما يَنبَني عليه من تَفاصيلِ الشَّرائعِ العَمليَّةِ، ومِمَّن عُرِفَ له التَّأليفُ على هَذا النَّحوِ: القاضِي إسْماعيلُ بْنُ إسْحاقَ المالِكيُّ، وأبو جَعْفَرٍ الطَّحاويُّ الحنفيُّ، وتَبِعَهُ من أعيانِ الحنفِيَّةِ أبو بكرٍ الرَّازيُّ الجصَّاصُ، وتَلاهُم بعَدَهُم كثيرونَ، مِن أبرَزِهِم: القاضي أبو بكر ابنُ العَربيِّ المالكيُّ، وعلى كِتابهِ بنى أبو عبدالله القُرطبيُّ تَفسيرَه الكَبيرَ «الجامع لأحكامِ القُرآنِ».

وجَميعُ ما فُسِّرَ مِن آياتِ الأحكامِ ظهَرَ فيهِ التَّفْسِيرُ المفصَّلُ، والَّذِي اشتَمَلَ على التَّفسِيرِ بالمأثُورِ وَالرَّأيِ جَمِيعًا، وتَجَلَّى فيهِ الانتِصارُ المذْهَبِيُّ بحسَبِ المذهَبِ الفِقْهِيِّ للمؤلِّفِ.

وقَدْ رأَى كُلُّ أولَئِكَ أنَّ لهم الحَقَّ في تَفسيرِ القُرْآنِ، لَم يحجُبْهُمْ عنهُ شَيْءٌ ولم يُحجِمُوا عنهُ، وكانَ ما قَدَّموهُ تَجْدِيدًا في التَّفسِيرِ، بعلَامَةِ أنَّهُم لم يَقِفُوا عِندَ تَفسيرِ النَّصِّ بالنَّصِّ أو بالأثَرِ، وإنَّما أعمَلُوا في نَصِّ القُرْآنِ نَظرَهُمْ وفِكْرَهُمْ وما حَصَّلُوه من العُلومِ، كما حَقَّقُوا وحَرَّرُوا المأثُورَ وتَخيَّرُوا منه.

التجديد
في تفسير القرآن

مِن خِلالِ بَيَانِ مَعْنَى التَّجْدِيدِ في الدِّينِ بعُمومِهِ، وأنَّه مَشْروعٌ مَطْلُوبٌ، وبَيَانِ المرادِ بالتَّفْسيرِ، ولَمْحَةٍ عَن تاريخِهِ في الأمَّةِ بعدَ نبيِّها ﷺ، وأنَّه مُنْذُ عَهْدِ الصَّحابَةِ والأمَّةُ مُدْرِكَةٌ أنَّه لا بُدَّ من استِمْرارِ بَيَانِ القُرآنِ وتَفْسيرِه، وأنَّ كُلَّ مَن عُنِيَ بهِ فإمَّا خاضَ غِمارَ البَيَانِ بما أوتِيَ مِن وسائِلِ البَحْثِ والتَّدَبُّرِ والفِقْهِ، وإمَّا كان اعتِناؤُهُ بالجَمْعِ والتَّقْريبِ، كُلٌّ يَقُولُ بلِسانِ حالهِ: هَذا تَجديدٌ في التَّفسيرِ؛ لأنِّي لم أسْبَقْ إلى ما جَمَعْتُ ورَتَّبْتُ وحَرَّرْتُ، وما رَأيْتُ وناقَشْتُ وقَرَّرْتُ.

ففِكْرَةُ التَّجْديدِ يَحكيها وَاقِعُ تاريخِ التَّفسيرِ، فليسَتْ فِكْرَةً جَديدَةً مُعاصِرَةً.

ومَنْعُ التَّجْديدِ في تَفسيرِ القُرآنِ تَحَكُّمٌ بغيرِ دَليلٍ وابتِداعٌ في الدِّينِ، وهُوَ من نَفسِ بابِ مَنع الاجتِهادِ في عُلومِ الدِّينِ وشَرائِعِهِ، وهو باطِلٌ، فالاجتِهادُ فَرضٌ، ومَنْعُهُ تَعطيلٌ للشَّريعَةِ، ومَنْعُهُ في تَفسيرِ القُرآنِ تَعطيلٌ لأمرِ اللهِ في كِتابِهِ بالتَّدَبُّرِ، وتَجهيلٌ للنَّاسِ في القُرآنِ،

وهَذا مِن الضَّلالِ وَالانحِرافِ بالنَّاسِ عنِ الإسلامِ، وفيه اتِّباعٌ لسَنَنِ مَن تَقدَّمَ مِن أهلِ الكِتابِ وشَبَهٌ بهم.

وحَيثُ إنَّ شَرطَ جَوازِ الاجتِهادِ أن يقَعَ مِنْ أهلِهِ في محلِّهِ، فالتَّجدِيدُ في تَفسيرِ القُرآنِ خاضِعٌ لشُرُوطِ الاجتِهادِ، فهوَ استِنباطٌ، وأهْلُ العَصْرِ غيرُ عَاجِزِينَ عَنِ الاجتِهادِ فيهِ وفي غيرِهِ من عُلومِ الدِّينِ، فالعَقلُ التَّكلِيفيُّ لا زالَ يَقِظًا واعِيًا، وَالوَسائِلُ المطلُوبَةُ مُتاحَةٌ، وَالحاجَةُ قائِمَةٌ، والقِيامُ بذلكَ في حَقِّ الأمَّةِ من فُروضِ الكِفاياتِ، كَيفَ وما أُمِرَ بالتَّدَبُّرِ والتَّفكُّرِ في شَيءٍ كَما أُمِرَ بهِ في شأنِ القُرآنِ؟ وكيفَ ومُعظَمُ عَوامِّ النَّاسِ لا يَفْهَمُونَ القُرآنَ إلَّا بالبَيانِ الملائمِ، والنَّوازِلُ ومُتَجَدِّداتُ المعارفِ لا تَتوَقَّفُ؟ والنَّازِلَةُ لا بُدَّ أن يُعْرَفَ حُكْمُ الشَّرعِ فيها، وأَوَّلُ طَريقٍ لاستِخْرَاجِ الأحكامِ هو القُرْآنُ، وذَلِكَ استِنْباطٌ مُوجِبٌ لإيجادِ حُكْمٍ جَدِيدٍ أو بَيانٍ جَدِيدٍ يتَناسَبُ معَ النَّازِلَةِ.

فإن قِيلَ: يُستَفادُ مِن كَلَامِ مَن سَلَفَ.

قِيلَ: التَّفاسِيرُ البَشَرِيَّةُ لا تَفِي بالجَوابِ عن النَّوازِلِ، ولَو ناسَبَ بَعضُ المتاحِ منها فليسَ كَذلِكَ كَثيرٌ منها، فلا بُدَّ مِن استِنباطٍ جَدِيدٍ وقَولٍ جَدِيدٍ بحُكْمٍ جَدِيدٍ.

أمَّا تَحرِيفُ بَعضِ مَن تَقَحَّموا التَّفسِيرَ لبَعضِ مَعانِي القُرآنِ، كبَعضِ أهلِ البِدَعِ في العُصُورِ السَّالِفَةِ أو في عالَمِ اليَومِ، أو نَتيجةً لضَعْفِ الأهلِيَّةِ، أو لهَوًى، فَلا يَحولُ شيءٌ من ذلكَ دُونَ التَّجدِيدِ.

على أنَّه ليسَ مِنَ التَّجديدِ في الدِّينِ ولا في تَفسيرِ القُرآنِ أن تُغَيَّرَ الدَّلالاتُ القَطعيَّةُ أو مَا هُوَ مِن بابِها بذَريعَةِ التَّجديدِ، كما رأيناهُ لطائفةٍ من أهلِ عَصرِنا، فتَرى أحَدَهُم يَتأوَّلُ تأويلًا خارجًا عَنِ السِّياقِ والدَّلالةِ يَبنيهِ عَلى تصَوُّرٍ مُفتَرَضٍ، فيَعمِدُ إلى إبطالِ قَطعيِّ الدَّلالةِ في قَولِهِ تعالى في أحكامِ الميراثِ: ﴿لِلذَّكَرِ مِثْلُ حَظِّ ٱلْأُنثَيَيْنِ﴾ [النِّساء: ١١]، أو يُفَسِّرُ النَّصَّ تَفسيرًا قاصِرًا كأن يَقولَ: عِلَّةُ عِدَّةِ الطَّلاقِ براءةُ الرَّحِمِ مِنَ الحَملِ، فإذا علِمْنا بالفَحصِ الطِّبِّيِّ أن لا حَملَ فقَدِ انتهَتِ العِدَّةُ، أو يترُكُ دَلالَةَ الظَّاهِرِ بغَيرِ دَليلٍ ولا أصلٍ يُنتَهى إلَيهِ، فيَتأوَّلُ قولَ اللهِ تعالى: ﴿وَلَا تَنكِحُوا۟ ٱلْمُشْرِكَٰتِ حَتَّىٰ يُؤْمِنَّ وَلَأَمَةٌ مُّؤْمِنَةٌ خَيْرٌ مِّن مُّشْرِكَةٍ وَلَوْ أَعْجَبَتْكُمْ وَلَا تُنكِحُوا۟ ٱلْمُشْرِكِينَ حَتَّىٰ يُؤْمِنُوا۟﴾ [البَقَرَة: ٢٢١] عَلى أنَّه حُكمٌ ظرفيٌّ، وآخَرُ يَقولُ: يُستَثنَى مِنهُ زَواجُ المسلِمةِ مِن كِتابيٍّ إلحاقًا بالكِتابيَّةِ الَّتي استُثنِيَتْ مِنْ عُمومِ هَذِهِ الآيةِ بقَولِهِ تعالى: ﴿ٱلْيَوْمَ أُحِلَّ لَكُمُ ٱلطَّيِّبَٰتُ وَطَعَامُ ٱلَّذِينَ أُوتُوا۟ ٱلْكِتَٰبَ حِلٌّ لَّكُمْ وَطَعَامُكُمْ حِلٌّ لَّهُمْ وَٱلْمُحْصَنَٰتُ مِنَ ٱلْمُؤْمِنَٰتِ وَٱلْمُحْصَنَٰتُ مِنَ ٱلَّذِينَ أُوتُوا۟ ٱلْكِتَٰبَ مِن قَبْلِكُمْ إِذَآ ءَاتَيْتُمُوهُنَّ أُجُورَهُنَّ مُحْصِنِينَ غَيْرَ مُسَٰفِحِينَ وَلَا مُتَّخِذِىٓ أَخْدَانٍ﴾ [المائِدَة: ٥].

□ التَّجديدُ لا يَعني إلغاءَ التُّراثِ في التَّفسيرِ:

ما قَدَّمتُ ذِكرَهُ مُختَصِرًا في تاريخِ التَّفسيرِ يُشيرُ إلى ما سَبقَ إلَيهِ عُلماءُ الإسلامِ مِن شِدَّةِ الاعتناءِ بكِتابِ اللهِ، وأنَّ التَّجديدَ في التَّفسيرِ لم يَنقطِعْ في تاريخِ الأمَّةِ، نَعَم بالنَّظَرِ إلى كَثرةِ ما أُلِّفَ فيهِ على مَرِّ الزَّمَنِ يُلاحَظُ كَثرةُ اجترارِ المورُوثِ دُونَ دِقَّةِ انتِقاءٍ،

مَعَ جُمودٍ ظاهرٍ في بَعضِ تلكَ الأعمالِ، لَكِنَّا معَ ذلِكَ نُلاحِظُ إذا استَبْعَدْنا تَفاسِيرَ أهلِ البِدَعِ، أنَّ مُعظَمَ كُتُبِ التَّفْسِيرِ يَزِيدُ بَعْضُهَا عَلى بَعْضٍ في الفائِدَةِ وَاستِخْرَاجِ الْمَعاني، وإن كانَتْ تَتَفَاوَتُ في ذلِكَ قِلَّةً وكَثرَةً، وَقَلَّ ما يُوجَدُ فيهَا ما يَقْتَصِرُ عَلى مُجرَّدِ الإعادَةِ والتَّكرارِ.

وهَذَا يَعْنِي أَنَّ في ذَلِكَ المورُوثِ إبْداعًا وإضافةً لا يَكونُ إغفالُهُ جُمْلَةً إلَّا دَليلَ ضَعْفٍ في عَقْلِ مَن يَدَّعِي التَّجْدِيدَ، بَل واقعُ الحالِ أنَّ مَن يَفْعَلُ ذلِكَ لا يُجَدِّدُ أصلًا، عَلى ما تَقَدَّمَ ذكْرُهُ مِن مَعْنَى التَّجْدِيدِ، وَلا يَخفى أنَّ الأفكارَ السَّوِيَّةَ تَلْتَقِي، وإذا وقَعَ تَوافُقُها دُونَ سَبْقِ تَواطُؤٍ فذلكَ عَلَامَةٌ على الصَّوابِ، وَالحِكْمَةُ مَقْصُودَةٌ مِنْ كُلِّ مَن قالَهَا، فكَيْفَ إذا خرَجَتْ مِمَّن عُرِفُوا بالتَّمَكُّنِ في العُلُومِ اللُّغَوِيَةِ والشَّرْعِيَّةِ وَالنَّظَرِيَّةِ؟ وإنَّما غايَةُ المطْلُوبِ هُوَ التَّجَرُّدُ في طَلَبِ ما فِيهَا وَالتَّحرِّي في الأَخْذِ، معَ اسْتِصْحابِ أَنَّ كُلَّ أحدٍ يُؤْخَذُ من قَولِهِ ويُرَدُّ سِوَى النَّبيِّ ﷺ، فيُصَوَّبُ صَوابُهَا وَيُرَدُّ خَطَؤُها، وَلَا يَنْحَبِسُ المجَدِّدُ فيها وإنَّما يَتَّصِفُ بالشَّجاعَةِ لتكونَ لدَيهِ الجُرْأَةُ في أن يَتعقَّبَ وَيَرُدَّ حَيْثُ تَقتَضِي المناسَبَةُ ذلِكَ، وَيُضِيفَ مِن بَدِيعِ النَّظَرِ وَصَوابِ الفِكْرِ ما خَلَا منْهُ ذلكَ المورُوثُ، مُستَلْهِمًا من زَمانِهِ ومَكانِهِ ما يَجْعَلُ مِنَ القُرْآنِ خِطَابًا مُباشرًا لِعَصْرِهِ.

قالَ الطَّاهِرُ بْنُ عاشُورٍ في تأليفِهِ في التَّفسِيرِ: «جَعلتُ حَقًّا عَليَّ أن أُبدِيَ في تَفسِيرِ القرآنِ نُكتًا لم أرَ مَن سَبَقَني إليها،

وأن أَقِفَ مَوقِفَ الحكَمِ بينَ طَوائفِ المفسِّرينَ، تارةً لها وآوِنَةً عليها، فإنَّ الاقتصارَ على الحديثِ المعادِ، تَعطِيلٌ لفَيضِ القُرآنِ الَّذي ما لَه من نَفادٍ. ولقَدْ رَأيتُ النَّاسَ حولَ كلامِ الأقدَمينَ أحدَ رَجُلينِ: رَجلٌ مُعتكِفٌ فيما أشادَه الأقدَمونَ، وآخَرُ آخِذٌ بمِعْوَلِهِ في هَدمِ ما مضَتْ عليهِ القُرونُ، وفي كِلتا الحالتينِ ضُرٌّ كَثيرٌ، وهنالِكَ حالةٌ أخرَى يَنْجَبِرُ بها الجناحُ الكَسِيرُ، وهي أن نَعْمِدَ إلى ما شادَهُ الأقدَمونَ فنُهَذِّبَه ونَزِيدَه، وحاشا أن نَنْقُضَه أو نُبِيدَه، عالِمًا بأنَّ غَمْضَ فَضلِهم كُفرانٌ للنِّعمَةِ، وجَحْدَ مَزايا سَلَفِها ليسَ مِن حَميدِ خِصالِ الأمَّةِ»(١).

---

(١) التَّحرِير والتَّنوِير، لابنِ عاشُورٍ (٧/١).

الأسباب المقتضية للتجديد
في تفسير القرآن

يَقتَضِي استِمرارَ التَّجْدِيدِ في التَّفْسِيرِ أسبابٌ كَثِيرَةٌ، مِنها:

❑ **أوَّلًا: تَدَبُّرُ القُرْآنِ وفَهْمُه واتِّباعُهُ شَرِيعَةٌ لِكُلِّ مُكلَّفٍ.**

وهذا لا يَتحقَّقُ بالتَّقلِيدِ؛ لأَنَّهُ مُتابعَةٌ مُسْتَنَدُها مُجَرَّدُ الثِّقَةِ بالمقلَّدِ دُونَ توقُّفٍ عِنْدَ حُجَّتِهِ أو معرِفَةٍ بها، وليسَ هَذا من التَّدبُّرِ في شَيْءٍ.

وقَد قال اللهُ تعالى: ﴿أَفَلَا يَتَدَبَّرُونَ ٱلْقُرْءَانَ ۚ وَلَوْ كَانَ مِنْ عِندِ غَيْرِ ٱللَّهِ لَوَجَدُوا۟ فِيهِ ٱخْتِلَـٰفًا كَثِيرًا﴾ [النِّساء: ٨٢]، وقالَ: ﴿أَفَلَا يَتَدَبَّرُونَ ٱلْقُرْءَانَ أَمْ عَلَىٰ قُلُوبٍ أَقْفَالُهَآ﴾ [محمَّد: ٢٤]، وقالَ: ﴿كِتَـٰبٌ أَنزَلْنَـٰهُ إِلَيْكَ مُبَـٰرَكٌ لِّيَدَّبَّرُوٓا۟ ءَايَـٰتِهِۦ وَلِيَتَذَكَّرَ أُو۟لُوا۟ ٱلْأَلْبَـٰبِ﴾ [ص: ٢٩]، وقال: ﴿وَلَقَدْ يَسَّرْنَا ٱلْقُرْءَانَ لِلذِّكْرِ فَهَلْ مِن مُّدَّكِرٍ﴾ [القَمَر: ١٧]، وقالَ: ﴿الٓمٓصٓ ۝١ كِتَـٰبٌ أُنزِلَ إِلَيْكَ فَلَا يَكُن فِى صَدْرِكَ حَرَجٌ مِّنْهُ لِتُنذِرَ بِهِۦ وَذِكْرَىٰ لِلْمُؤْمِنِينَ ۝٢ ٱتَّبِعُوا۟ مَآ أُنزِلَ إِلَيْكُم مِّن رَّبِّكُمْ وَلَا تَتَّبِعُوا۟ مِن دُونِهِۦٓ أَوْلِيَآءَ ۗ قَلِيلًا مَّا تَذَكَّرُونَ﴾

[الأعْراف: ١ ـ ٣].

فهَذه الآياتُ وفِي مَعناها سِواها تُوجِبُ التَّدبُّرَ والاتِّباعَ، وإِنَّما أمَرَ الله تعالى بذَلِكَ لأنَّه سَبَبٌ يَفتَحُ بهِ على المتدبِّرينَ مِنَ العُلومِ والمعرِفَةِ بهِ وبشَريعَتهِ ما لا يُمكِنُ تحقُّقُهُ إلَّا بذلكَ، وحَبْسُ العاقِلِ العارِفِ بأسبابِ فَهْمِ القُرآنِ عَقْلَهُ عَلى رأيِ غيرِهِ خَارجٌ عَنِ العَقْلِ مُخالِفٌ للأمْرِ.

فإذا كانَ التَّدبُّرُ يُحْدِثُ معانِيَ جَدِيدَةً، فذَلِكَ تَجْدِيدٌ.

وَهُوَ الطَّرِيقُ الَّذِي سَلَكَهُ السَّلَفُ لفَهْمِ القُرْآنِ، واتِّباعُهم إِنَّما هو في مُوافَقَتِهم في المنهَجِ، لا الوُقوفِ عِنْدَما انتَهوا إِلَيْهِ بأفهامِهِم المجرَّدَةِ على سَبيلِ التَّقديسِ.

وقَدْ كانَ طَريقُهُم أحسنَ الطُّرُقِ في أخذِ القُرآنِ وتدبُّرِه.

فعَنْ عَبْدِاللهِ بْنِ مَسْعُودٍ، قَالَ: «كَانَ الرَّجُلُ مِنَّا إِذَا تَعَلَّمَ عَشْرَ آيَاتٍ، لَمْ يُجَاوِزْهُنَّ حَتَّى يَعْرِفَ مَعَانِيَهُنَّ وَالْعَمَلَ بِهِنَّ»(١).

وَعَنْ أَبِي عَبْدِالرَّحْمَنِ السُّلَمِيِّ، قَالَ: حَدَّثَنا مَنْ كَانَ يُقْرِئُنَا مِنْ أَصْحَابِ النَّبِيِّ ﷺ أَنَّهُمْ كَانُوا يَقْتَرِئُونَ مِن رَسُولِ اللهِ ﷺ عَشْرَ آيَاتٍ، فَلَا يَأْخُذُونَ فِي الْعَشْرِ الْأُخْرَى حَتَّى يَعْلَمُوا مَا فِي هَذِهِ مِنَ الْعِلْمِ وَالْعَمَلِ. قَالُوا: «فَعَلِمْنَا الْعِلْمَ وَالْعَمَلَ»(٢).

---

(١) أَخْرَجَهُ ابْنُ جَرِيرٍ (١/٧٤)، وَإِسْنَادُهُ صَحِيحٌ.

(٢) أَخْرَجَهُ ابْنُ أَبِي شَيْبَةَ (رقم: ٣٠٥٤٩)؛ وَأَحْمَدُ (رقم: ٢٣٤٨٢)؛ وَالْفِرْيَابِيُّ فِي «فَضَائِلِ الْقُرْآنِ» (رقم: ١٦٩)؛ وَابْنُ جَرِيرٍ (١/٧٤)؛ وَالْحَاكِمُ (رقم: ٢٠٤٧)، وَإِسْنَادُهُ صَحِيحٌ، وَصَحَّحَهُ الْحَاكِمُ.

أدرَكُوا أنَّهم خُوطِبُوا بهَذا القُرآنِ، وأمِرُوا أن يَقُوموا بهِ وَيَعمَلُوا بهِ، وذلكَ لا يَتِمُّ إلَّا بفَهْمِهِ، وما تَفْسِيرُهم للقُرآنِ سِوى إظهارٍ لذلِكَ الفَهْمِ الَّذي بانَ لهم في مدارِكهم وما هَدَى الله تعالى له عُقولَهُم.

عَن أبي جُحَيْفَة، قالَ: قلتُ لعَلِيٍّ، رضي الله عنه: هَل عِنْدَكُم شيءٌ مِن الوَحيِ إلَّا ما في كتابِ الله؟ قالَ: «لا والَّذي فَلَقَ الحَبَّةَ، وبَرَأَ النَّسَمَةَ، ما أعلَمُهُ إلَّا فَهْمًا يُعطيهِ الله رَجلًا في القُرآنِ، وَما في هذهِ الصَّحيفَةِ». قلتُ: وما في الصَّحيفَةِ؟ قالَ: «العَقْلُ، وفِكاكُ الأسيرِ، وأن لا يُقْتَلَ مُسلِمٌ بكافرٍ»[١].

❑ ثانيًا: احتِمالُ النَّصِّ القرآنيِّ لِلمَعارفِ والمعانِي ليسَ ممَّا يختَصُّ بالوقُوفِ عليهِ جِيلٌ دُونَ غيرهِ.

ومِنَ الحُجَّةِ على ذلكَ أنَّ اللهَ سَوَّى في النِّذَارَةِ بالقُرآنِ بَينَ مَن نَزَلَ بينَ ظَهرَانَيْهِمْ وَمَن سَيَصِلُ إلَيهِم سِواهُمْ، كَما قالَ: ﴿وَأُوحِيَ إِلَيَّ هَٰذَا ٱلْقُرْءَانُ لِأُنذِرَكُم بِهِۦ وَمَنۢ بَلَغَ﴾ [الأنعام: ١٩]، فاشتِراكُ الفَريقَيْنِ في دَرجَةِ الخِطابِ بالقُرآنِ لا يجعَلُ الفَريقَ الأوَّلَ أولَى بالاستِئْثارِ بحقِّ الفَهْمِ والتَّأويلِ مِنَ الثَّاني.

وعُلومُ القُرآنِ لا نِهايَةَ لَها، وخيرُهُ لا انْقِضاءَ له ولا انْقِطاعَ،

(١) أخرَجه البُخاريُّ (رقم: ٣٠٤٧). العَقْلُ: الدِّيَة.

كَما صَحَّ عَنْ عَبْدِاللهِ بْنِ مَسْعُودٍ، قالَ: «مَن أرادَ العِلْمَ فليُثَوِّرِ القُرآنَ، فإنَّ فيهِ عِلْمَ الأوَّلِينَ والآخِرينَ»[١].

قالَ البَدْرُ الزَّرْكَشِيُّ: «في القُرآنِ عِلمُ الأوَّلِينَ والآخِرينَ، وما مِن شَيءٍ إلَّا ويمكِنُ استِخْراجُه مِنْهُ لِمَن فَهَّمَهُ الله تعالى»[٢].

□ ثالِثًا: كَلامُ السَّابِقِينَ في التَّفْسِيرِ اجتِهادٌ، وبسَبَبِهِ اختَلَفوا.

وذَلِكَ أنَّهُ صادِرٌ مِن غَيرِ مَعصُومٍ مَهما بلغَ عِلمُهُ وتمكَّنَت مَعرِفَتُهُ، فكلامُهُ في فَهمِ القُرآنِ إنَّما وقَعَ لهُ بحسَبِ ما بانَ لهُ، وهُوَ مِنهُ اجتِهادٌ، والاجتِهادُ يمكِنُ أن يُرَدَّ باجتِهادٍ، ويُناقَشَ، ويُسْتَدْرَكَ عليهِ، كَما هو شَأنُ كُلِّ رأيٍ يَعودُ إلى هذا الطَّريقِ.

ولكونِهِ كَذَلِكَ اختَلَفَ المفسِّرونَ في تأويلِ القُرآنِ، اختِلافًا في مَعانِي المفرَدَاتِ، وفي دَلالَةِ السِّياقِ، وفي المعنى الكُلِّي للآيَةِ، وَفي أسبابِ نُزولِ القُرآنِ إذا لم تَقَعْ نَقلًا صَريحًا إلى عَهْدِ النُّبُوَّةِ، وَفي النَّسْخِ، وفي التَّنزِيلِ على الواقِعِ، وفي غيرِ ذلِكَ.

---

(١) أَخرَجَهُ ابنُ المبارَكِ في «الزُّهْدِ» (رقم: ٨١٤)؛ وابنُ أبي شَيبَةَ (رقم: ٣٠٦٤١، ٣٦٩٨٩)؛ وأبو عُبيدٍ في «فَضائِلِ القُرآنِ» (ص: ٩٦)؛ وسَعيدُ بْنُ مَنصورٍ في «التَّفسِيرِ» (رقم: ١)، وإسْنادُهُ صَحيحٌ.
وقَوْلُه: «فليُثَوِّرْ»، أي: فلِيُنَقِّرْ عنه ويُفكِّرْ في مَعانيهِ وتَفسيرِهِ وَقِراءَته (النِّهاية في غريبِ الحَديثِ، لابنِ الأثير ٢٢٩/١).
(٢) البُرهان في عُلومِ القُرآنِ، للزَّرْكَشِيِّ (١٨١/٢).

فلو كانَ كلامُهم في التَّفسِيرِ حُجَّةً تلزَمُ مَن بَعدَهُم لَما منعَ ذلكَ الزِّيادَةَ غيرَ المعارِضَةِ، كيفَ وليسَ هُوَ بحُجَّةٍ قَطعًا؟ إذْ لا حُجَّةَ في غيرِ ما جاءَ بهِ الرَّسُولُ ﷺ، وهوَ القُرآنُ والسُّنَّةُ.

كَذَلِكَ، لَو صَحَّ مَنْعُ إحداثِ قولٍ جَدِيدٍ في مَعنى كلِمَةٍ قُرْآنِيَّةٍ أو آيَةٍ، فَلِماذا يُمنَعُ منهُ أهلُ عَصْرِنا بخاصَّةٍ؟ فَقَدْ تكلَّمَ التَّابعِيُّ في التَّفسِيرِ بما لم يتكلَّم بهِ الصَّحابَةُ، وتكلَّمَ ابنُ جَريرٍ الطَّبرِيُّ بما لم يُسْبَقْ إلَيْهِ، وَتكلَّمَ كَثيرٌ مِنْ مُؤلِّفي الكُتُبِ في التَّفسيرِ وغيرُهم مِنَ العُلَماءِ مِن بَعْدُ في كُلِّ عَصْرٍ بما لم يُسْبَقْ إليهِ أحدُهم، أفَلَيْسَ مِنَ التَّحكُّمِ المجرَّدِ أن يَحِلَّ الكلَامُ لجَمِيعِ أولئِكَ، وكُلٌّ له نَصِيبٌ مِنَ الاجتِهادِ والتَّجْدِيدِ، ويُمْنَعَ منه أهلُ هَذا العَصْرِ؟

فإن قيلَ: ماذا لو اتَّفَقَ السَّابِقونَ ولم يختَلِفُوا؟

قِيلَ: لا يوجَدُ لهذا مِثالٌ يُعتَبَرُ بهِ، إلَّا على دَعْوَى أن يُنْقَلَ عن بَعضِهم رَأيٌ لا يُعلَمُ لهُ فيهِ مُخالِفٌ، وهَذَا إذا وقَعَ حُوكِمَ إلى القَواعِدِ، فالرَّأيُ مَهما كانَ قائِلُهُ لا يكونُ حُجَّةً، وَعَدَمُ حِفْظِ الرَّأيِ المخالِفِ لا يَعنِي العدَمَ، فإنَّ حفظَ الآراءِ البشرِيَّةِ ليسَ مِمَّا ضَمِنَهُ الله تعالى لعبادِهِ في شَأنِ الدِّيانَةِ.

❑ رابعًا: اشتمَلَت كُتُبُ التَّفسِيرِ على أخطاءَ ومُخالَفاتٍ لا بُدَّ مِن بَيانِها وردِّها، فلا تَصْلُحُ أن تكونَ تِلكَ الكُتُبُ في محلِّ التَّسلِيمِ المطلَقِ.

وهَذا وَحْدَهُ سَبَبٌ كافٍ لِضَرُورَةِ التَّجدِيدِ في التَّفسيرِ؛ إذ لا يخفَى على كُلِّ مُطالعٍ للمؤلَّفاتِ فيهِ، أنَّ فيها الكَثيرَ مِمَّا يُنْكَرُ

ولا يَحِلُّ قَبُولُهُ كالبِدَعِ الاعتِزاليَّةِ وضَلالاتِ الرَّوافِضِ والباطِنيَّةِ، وانحِرافاتِ غُلاةِ الصُّوفِيَّةِ، وفيها ما هُوَ ضَعيفٌ بَيِّنُ الضَّعْفِ لا يحسُنُ أنْ يُحْمَلَ عليه كلامُ الخلْقِ فكَيْفَ بكلامِ الخالِقِ؟! وفيها ما غيرُهُ أولى منهُ، وفيها الأخبارُ الواهِيَةُ وَالأحاديثُ الضَّعيفَةُ، وفيها الإسرائيليَّاتُ، إلى غيرِ ذلكَ، مِمَّا لا يجوزُ التَّسليمُ لـه دونَ تَمحيصٍ، وفيها ما ليسَ من التَّفسيرِ في شيءٍ.

قال ابنُ تيميَّةَ، وصَدَقَ: «إنَّ الكتبَ المصَنَّفةَ في التَّفسيرِ مَشْحُونَةٌ بالغَثِّ والسَّمينِ، والباطلِ الواضِحِ والحقِّ المبينِ»[1].

فإذا صَحَّ لنا أن نَرُدَّ بعضَ ما فيها ونُنْكِرَهُ ونُسْقِطَهُ، فلو اقتَصَرْنا فيه على مجرَّدِ التَّخليصِ والتَّنقِيَةِ لَكَانَ هذا تَجديدًا، وإذا كانَ كذلكَ فهُوَ سَبَبٌ يَمنَعُ الحقَّ في التَّجديدِ في استِخْراجِ ما لم يَقُلْ بهِ أحَدٌ مِن قَبلُ مِمَّا يَدلُّ عليه القرآنُ ويَجري على القواعِدِ.

◻ خامسًا: التَّفسيرُ المنقُولُ والمدوَّنُ ليسَ مُسْتَغرِقًا لجَميعِ ما قِيلَ.

فمَجالُ التَّعقُّبِ في المأثورِ كثيرٌ، فقَد فاتَ كُتُبَ التَّفسيرِ الكَثيرُ مِن ذلكَ، والتَّعقُّبُ مِن جِهَةِ اللُّغَةِ والدَّلَالَةِ كذلِكَ، بل أكثَرُ.

ولو أنَّ إنسانًا أو جِهَةً عُنُوا بالاستِدراكِ في هذا السِّياقِ فذلكَ تَجديدٌ.

___

[1] مقدِّمة في أصُولِ التَّفسيرِ، لابنِ تَيمِيَّة (ص: ١٥).

❑ سادِسًا : مُناسَبَةُ القُرْآنِ لِلتَّنْزِيلِ عَلى الوَقائِع ، والوَقَائِعُ مُتَجَدِّدَةٌ.

وهَذا لو تَدبَّرْنا مِثالَهُ فيما يَرْجِعُ إلى الآياتِ الكونِيَّةِ، وجَدنا أنَّ رَبْطَ النَّصِّ بما انتهَى إليه الكَشْفُ العلمِيُّ تنزِيلٌ على جَدِيدٍ من العلمِ، لم يَقُل به أحَدٌ من قبلُ؛ لأنَّ عِلْمَ مَن تقدَّمَ مِن أهلِ التَّفسيرِ لم يَصِلْ إلى هذهِ الحقيقَةِ.

واعتِبارُ هذَا في فَهْمِ القُرْآنِ طَريقٌ أمرَ بهِ القُرآنُ نفسُهُ، كما يأتِي بعدُ.

الشروط اللازمة للتجديد
في تفسير القرآن

الكَلامُ في تَفسِيرِ القُرْآنِ شَدِيدٌ، لا يَحِلُّ أن يُقْدِمَ علَيْهِ إلَّا مَن تمكَّن في المعرفَةِ بأُصُولِهِ وقَواعِدِهِ، وتَميَّزَ بالقُدْرَةِ علَى إظهارِ مَعانِيهِ وَدلَائِلهِ، معَ وَرَعٍ وَدِينٍ وَمُراقَبَةٍ للهِ رَبِّ العالَمِينَ، لأجلِ أن يَتَّقِيَ القَوْلَ فيه بغيرِ عِلْمٍ، وَيَحْمِيَ نَفْسَهُ مِن الكلامِ فيهِ بالهَوى.

ولَقَدْ كانَ السَّلَفُ معَ ما أوتُوا مِن العِلْمِ بما أنزَلَ اللهُ تعالى على نَبِيِّه ﷺ مِنْ أشَدِّ النَّاسِ تَوقِّيًا لِلكَلامِ في القُرآنِ، كَما جاءَت عنهم في ذلكَ الآثارُ الكَثِيرَةُ، ومِنها ما يَلِي:

عَنْ أَبِي بَكْرٍ الصِّدِّيقِ، رضي الله عنه، قَالَ: «أَيُّ أَرْضٍ تُقِلُّنِي، وَأَيُّ سَمَاءٍ تُظِلُّنِي، إِذَا قُلْتُ فِي الْقُرْآنِ بِرَأْيِي أَوْ بِمَا لَا أَعْلَمُ»(١).

---

(١) أخرجَهُ مُسَدَّدٌ (كَما في «المطالبِ العالِيَة» رقم: ٣٥١٢)؛ وَابنُ جَرِيرٍ (٧٢/١)؛ وَابنُ حَزْمٍ في «الإحكام» (٦/٤١-٤٢)، وَإسنادُهُ صَحِيحٌ إلى أبي مَعْمَرٍ عبدِاللهِ بْنِ سَخْبَرَةَ الأزدِيِّ عَن أبي بَكْرٍ، وأبُو مَعْمَرٍ هذا تابعِيٌّ قَدِيمٌ، قِيلَ: وُلِدَ في الجاهلِيَّةِ، وحَدَّثَ عَنْ عُمَرَ وابْنِ مَسْعُودٍ وغَيرِهِمَا، وَمُتَرَجِّحٌ أن يَكونَ أدْرَكَ الصِّدِّيقَ لَولا ما قِيلَ: «رِوايَتُهُ عَنْهُ مُرْسَلَةٌ»، =

وَعَنْ أَنَسِ بن مالكٍ، أَنَّه سَمِعَ عُمَرَ بْنَ الخَطَّابِ، رَضِيَ اللهُ عَنْه، يَقُولُ: ﴿فَأَنۢبَتۡنَا فِيهَا حَبّٗا ۝٢٧ وَعِنَبٗا وَقَضۡبٗا ۝٢٨ وَزَيۡتُونٗا وَنَخۡلٗا ۝٢٩ وَحَدَآئِقَ غُلۡبٗا ۝٣٠ وَفَٰكِهَةٗ وَأَبّٗا﴾ [عَبَس: ٢٧ ـ ٣١]، قالَ: «فكُلُّ هذا قَدْ عَرَفْناهُ، فَما الأَبُّ؟». ثُمَّ نَفَضَ عَصًا كانَت في يَدِهِ، فقالَ: «هذا لَعَمْرُ اللهِ التَّكلُّفُ، اتَّبِعُوا ما تَبيَّنَ لكُم مِن هذا الكِتابِ»(١).

وعَن مَسْروقِ بْنِ الأَجْدَعِ، قالَ: بَيْنَما رَجُلٌ يُحَدِّثُ في كِنْدَةَ(٢)، فقالَ: يَجيءُ دُخانٌ يومَ القِيامَةِ، فيأخُذُ بأَسْماعِ المنافِقينَ وأَبْصارِهِمْ كهَيْئَةِ الزُّكامِ، فَفَزِعْنا، فأَتَيْتُ ابنَ مَسْعودٍ، وكانَ مُتَّكِئًا(٣)، فَغَضِبَ فَجلَسَ، فقالَ: «مَن عَلِمَ فَلْيَقُلْ، ومَن لَم يَعْلَمْ فَلْيَقُلْ: اللهُ أَعْلَمُ، فإِنَّ مِنَ العِلْمِ أن يَقولَ لِما لا يَعْلَمُ: لا أَعْلَمُ، فإِنَّ اللهَ قالَ لنَبيِّهِ ﷺ: ﴿قُلۡ مَآ أَسۡـَٔلُكُمۡ عَلَيۡهِ مِنۡ أَجۡرٖ وَمَآ أَنَا۠ مِنَ ٱلۡمُتَكَلِّفِينَ﴾ [ص: ٨٦]»(٤).

= وَالأَثَرُ مَرْوِيٌّ مِن وُجُوهٍ أخرَى عَنِ الصِّدِّيقِ صالحَةٌ يُعْتَبَرُ بها، فَهُوَ ثابِتٌ عَنْهُ، وَقالَ ابنُ حَزْمٍ في «المحلَّى» (٦١/١): «ثَبَتَ عَنِ الصِّدِّيقِ».

(١) أخرَجَهُ الحاكِمُ (رقم: ٣٨٩٧)، وعنه: البيهقيُّ في «شُعب الإيمان» (رقم: ٢٢٨١)، وإسْنادُهُ صَحيحٌ، وصَحَّحهُ الحاكِمُ. وأصلهُ عِندَ البُخاريِّ في «صَحيحِهِ» (رقم: ٧٢٩٣). وأَخرَجَهُ مُختَصرًا ابنُ أبي شَيبةَ (رقم: ٣٠٧٢٩)، وإِسنادُهُ صَحيحٌ.

(٢) كِنْدَة: قَبيلَةٌ مِن أَهْلِ اليَمَن، تَفرَّقوا في البِلادِ، والمرادُ هُنا: مَنازِلُهُم بالكُوفَةِ.

(٣) قالَ مَسرُوقٌ في روايةٍ لمسلمٍ: جاءَ إلى عَبْدِاللهِ رَجلٌ فقالَ: تركتُ في المسجِدِ رَجُلًا يُفَسِّرُ القُرآنَ برأيِهِ. وذكرَ الحديثَ.

(٤) مُتَّفقٌ عليه: أخرَجَهُ البُخاريُّ (رقم: ٤٧٧٤)؛ ومُسلِمٌ (رقم: ٢٧٩٨).

وكانَ مَسْروقُ بْنُ الأجدَعِ يَقولُ: «اتَّقُوا التَّفسِيرَ، فإنَّما هُوَ الرِّوايَةُ عَنِ اللهِ ﷻ»(١).

وَعَنْ عَامِرٍ الشَّعْبِيِّ، قَالَ: «أَدْرَكْت أَصْحَابَ عَبْدِاللهِ وَأَصْحَابَ عَلِيٍّ وَلَيْسَ هُمْ لِشَيْءٍ مِنَ الْعِلْمِ أَكْرَهَ مِنْهُمْ لِتَفْسِيرِ الْقُرْآنِ»(٢).

وعَنْ عُبَيْدِاللهِ بْنِ عُمَرَ، قالَ: «لَقَدْ أدْرَكْتُ فُقَهاءَ المدينَةِ وإنَّهُم لَيُعَظِّمُونَ القَوْلَ في التَّفسِيرِ، منهُم: سالمُ بْنُ عبدِالله، والقاسِمُ بْنُ مُحمَّدٍ، وسَعيدُ بْنُ المسيَّبِ، ونافِعٌ»(٣).

❑ صِفاتُ المجدِّدِ في تَفسِير القُرآنِ:

وَلِما تقدَّمَ، فإنَّه لا بُدَّ من الوُقُوفِ على صِفاتٍ أساسِيَّةٍ يَلتَزِمُ بها مَن يَتعرَّضُ لتَفسِيرِ القُرآنِ بالرَّأيِ والقَولِ الجَدِيدِ؛ وذلكَ مِن أجلِ أن يَكونَ في نَفسِهِ على الأهلِيَّةِ المطلُوبَةِ لذلكَ، ولِتَكونَ هذهِ الصِّفاتُ مِقْيَاسًا لغيرِهِ من طُلَّابِ الحَقِّ يُمَيِّزُونَ بهِ أصحابَ الأهلِيَّةِ

---

(١) أخرَجَه أبو عُبيدٍ في «فَضائل القُرآن» (ص: ٣٧٧)، وإسنادُهُ صَحيحٌ.

(٢) أخرَجَه ابنُ أبي شَيبَةَ (رقم: ٣٠٧٢٧)، وإسنادُهُ صَحيحٌ. وَالمقصُودُ بأَصْحَابِ الإمامَيْنِ عَبْدِاللهِ بْنِ مَسعُودٍ وَعَلِيِّ بْنِ أبي طَالِبٍ الفُقَهاءُ والعُلَماءُ الثِّقَاتُ مِنْ أئِمَّةِ التَّابِعِينَ، مِثْلُ: عَبيدَةَ السَّلْمَانِيِّ، وَعَلْقَمَةَ بْنِ قَيْسٍ، وَالْأَسْوَدِ بْنِ يَزِيدَ، وَمَسْرُوقِ بْنِ الأَجْدَعِ، وَأبي عَبْدِالرَّحْمَنِ السُّلَمِيِّ، وَعَبْدِالرَّحمنِ بْنِ أبي لَيْلَى، وغَيْرِهِمْ.

(٣) أخرَجَهُ ابنُ جَرِيرٍ (٧٩/١)، وإسنادُهُ صَحيحٌ.
وهؤلاءِ المذكُورُونَ جَميعًا مِن فُقَهاءِ المدينَةِ مِنَ التَّابِعينَ الَّذينَ كانَ عليهِم مَدارُ الفَتوى فيها بعْدَ أصْحابِ النَّبيِّ ﷺ.

من مُدَّعِي العِلْمِ، وبخاصَّةٍ في عَصْرِنا الَّذِي كَثُرَ فيهِ الْمُتَجَرِّئُونَ على الكَلامِ في التَّفسيرِ وشَرائِعِ الإسلامِ:

الأولى: الإسلامُ. وهو شَرْطٌ واقِعٌ ضِمنًا في شُروطِ المفسِّرِ لا يُنبَّهُ عليهِ عادَةً، ولكنَّ إبرازَهُ وتَثبِيتَهُ قَبلَ سائِرِ الشُّروطِ في عَصرِنا ضَرُورةٌ؛ لأنَّه أصبحَ يَتعرَّضُ للكلامِ في القُرآنِ من ليسَ مِن أهلِ مِلَّتِنا، وهؤلاءِ مُتَّهمُونَ أصلًا على القُرآنِ، فكَلامُهم فيهِ مَطعُونٌ فيه ابتداءً لكُفرِهِمْ بالقُرآنِ.

الثَّانِيَة: صِحَّةُ الاعتِقادِ وسَلامَةُ المنهَجِ بمُوافقَةِ الكِتابِ والسُّنَّةِ والجَرْيِ على هَدْيِ خَيرِ القُرُونِ الَّذينَ زَكَّاهم النَّبِيُّ ﷺ(١)، وأشارَ القُرآنُ إلى فَضْلِهم ومحلِّهم في الإمامَةِ في الدِّينِ(٢).

---

(١) في قَولِهِ: «**خَيرُكُمْ قَرْنِي، ثُمَّ الَّذِينَ يَلُونَهُمْ، ثُمَّ الَّذِينَ يَلُونَهُمْ**». مُتَّفَقٌ عليهِ: أخرَجهُ البُخاريُّ (رقم: ٢٦٥١، ٣٦٥٠، ٦٤٢٨، ٦٦٩٥)؛ ومُسْلِمٌ (رقم: ٢٥٣٥)، مِن حَدِيثِ عِمْرَانَ بْنِ حُصَيْنٍ. وَالبُخارِيُّ (رقم: ٢٦٥٢، ٣٦٥١، ٦٤٢٩، ٦٦٥٨)؛ ومُسْلِمٌ (رقم: ٢٥٣٣)، مِن حَدِيثِ عَبْدِاللهِ بْنِ مَسْعُودٍ. ومُسْلِمٌ (رقم: ٢٥٣٤)، مِنْ حَدِيثِ أبي هُرَيْرَةَ. ومُسْلِمٌ (رقم: ٢٥٣٦)، مِنْ حَدِيثِ عائِشَةَ. وهُوَ حَدِيثٌ مُتواتِرٌ، مَرْوِيٌّ أيضًا مِن حَدِيثِ آخَرِينَ مِنَ الصَّحابَةِ.

وَمِنَ الرِّوَايَةِ فيهِ عَن أبي هُرَيْرَةَ، قَالَ: سُئِلَ رَسُولُ اللهِ ﷺ أَيُّ النَّاسِ خَيْرٌ؟ فَقَالَ: «**أَنَا وَالَّذِينَ مَعِي، ثُمَّ الَّذِينَ عَلَى الأَثَرِ، ثُمَّ الَّذِينَ عَلَى الأَثَرِ**»، ثُمَّ كَأَنَّهُ رَفَضَ مَنْ بَقِيَ. أخرَجَهُ أحمَدُ (رقم: ٨٤٨٣)، وإسنادُهُ جَيِّدٌ.

(٢) كَما في قَولِهِ تَعالى: ﴿وَٱلسَّٰبِقُونَ ٱلْأَوَّلُونَ مِنَ ٱلْمُهَٰجِرِينَ وَٱلْأَنصَارِ وَٱلَّذِينَ ٱتَّبَعُوهُم بِإِحْسَٰنٍ رَّضِىَ ٱللَّهُ عَنْهُمْ وَرَضُوا۟ عَنْهُ وَأَعَدَّ لَهُمْ جَنَّٰتٍ تَجْرِى تَحْتَهَا ٱلْأَنْهَٰرُ خَٰلِدِينَ فِيهَآ أَبَدًا ۚ ذَٰلِكَ ٱلْفَوْزُ ٱلْعَظِيمُ﴾ [التَّوبَة: ١٠٠].

الثَّالِثَة: الإخلاصُ في التَّفقُّهِ في مَعانِي القُرآنِ للاهتِداءِ بهِ، والتَّجَرُّدُ عَنِ الهَوى والبِدعَةِ.

قالَ الزَّركشِيُّ: «أصلُ الوُقوفِ على مَعانِي القُرآنِ: التَّدَبُّرُ والتَّفكُّرُ، واعلَم أنَّه لا يحصُلُ للنَّاظِرِ فَهْمُ مَعاني الوَحي حَقِيقةً، ولا يَظهرُ له أسرارُ العلمِ مِن غَيبِ المعرِفَةِ، وفي قَلبهِ بِدْعَةٌ أو إصرارٌ على ذَنْبٍ، أو في قَلبهِ كِبْرٌ أو هَوى، أو حُبُّ الدُّنيا، أو يكونُ غيرَ مُتَحقِّق الإيمانِ، أو ضَعِيفَ التَّحقيقِ، أو مُعتَمِدًا على قَولِ مُفَسِّرٍ ليس عِندَه إلَّا عِلمٌ بظاهِرٍ، أو يَكونُ راجعًا إلى مَعقولهِ، وهذهِ كلُّها حُجُبٌ ومَوانِعُ، وبَعضُها آكَدُ مِن بَعضٍ».

ثُمَّ استَطْرَدَ في بَيانِ صِفَةِ التَّدَبُّرِ الَّتِي بها يَتحقَّقُ المقصُودُ، فقالَ: «إذا كانَ العَبدُ مُصْغيًا إلى كلامِ ربِّه، مُلْقِيَ السَّمعِ وهو شَهيدُ القَلبِ لمعاني صِفاتِ مُخاطِبه، ناظِرًا إلى قُدْرَتِه، تارِكًا للمَعهُودِ مِن عِلمهِ ومَعقُولهِ، مُتَبرِّئًا مِن حَولهِ وقُوَّتهِ، مُعَظِّمًا للمُتكلِّم، مُفْتَقِرًا إلى التَّفَهُّمِ، بحالٍ مُستَقِيمٍ، وقَلبٍ سَليمٍ، وقُوَّةِ عِلمٍ، وتَمَكُّنِ سَمعٍ لفَهْمِ الخِطابِ، وشَهادَةِ غَيبِ الجوابِ، بدُعاءٍ وتَضَرُّعٍ وابتِئاسٍ وتَمَسْكُنٍ وانتظارٍ للفَتحِ عليهِ مِن عندِ الفتَّاحِ العليمِ» حتَّى قالَ: «هَذا هُوَ الرَّاسِخُ في العِلْمِ»(١).

وهَذهِ الصِّفاتُ تَسْتَلزِمُ شِدَّةَ الحَيْطَةِ مِن الميلِ مُلاءمَةً للهَوَى،

(١) البُرهان في عُلومِ القُرآن، للزَّركَشِيِّ (٢/ ١٨٠-١٨١).

وَإِذَا قَامَ التَّعَارُضُ بينَ مَا ينقَدِحُ في النَّفس مِنَ الفَهْم وَدَلالةِ النَّص القُرآنيِّ فالتُّهَمَةُ وَارِدَةٌ على النَّفس لا عَلى النَّصِّ، فالإنسانُ في الأصل جَهولٌ يَتعلَّم، والقُرآنُ هُوَ الحقُّ المطلَقُ: ﴿لَّا يَأْتِيهِ ٱلْبَٰطِلُ مِنۢ بَيْنِ يَدَيْهِ وَلَا مِنْ خَلْفِهِۦ تَنزِيلٌ مِّنْ حَكِيمٍ حَمِيدٍ﴾ [فُصِّلَتْ: ٤٢].

عَنْ عُمَرَ بنِ الخَطَّابِ، قَالَ: يا أيُّها النَّاسُ، اتَّهِمُوا الرَّأْيَ عَلى الدِّينِ، فَلَقَدْ رَأَيْتُنِي أَرُدُّ أَمْرَ رَسُولِ اللهِ ﷺ بِرَأْيِي اجتِهَادًا، فوَاللهِ مَا آلُو عَن الحَقِّ، وَذَلِكَ يَوْمَ أبي جَنْدَلٍ وَالْكِتَابُ بَيْنَ رَسُولِ اللهِ ﷺ وَأَهْلِ مَكَّةَ، فَقَالَ: «اكْتُبُوا بِسمِ اللهِ الرَّحْمَنِ الرَّحِيمِ». فَقَالُوا: تَرَانا قَدْ صَدَّقْنَاكَ بِمَا تَقُولُ؟ وَلَكِنَّكَ تَكْتُبُ كَمَا كُنْتَ تَكْتُبُ: بِاسْمِكَ اللَّهُمَّ. قَالَ: فَرَضِيَ رَسُولُ اللهِ ﷺ وَأَبَيْتُ عَلَيْهِمْ، حَتَّى قَالَ لِي رَسُولُ اللهِ ﷺ: «تَرَانِي أَرْضَى وَتَأْبَى أَنْتَ؟». قَالَ: فَرَضِيتُ [١].

وَفي نَفْسِ القِصَّةِ أيْضًا، قالَ سَهْلُ بْنُ حُنَيْفٍ: «اتَّهِمُوا الرَّأْيَ، فَلَقَدْ رَأَيْتُنِي يَوْمَ أبي جَنْدَلٍ وَلَوْ أَسْتَطِيعُ أَنْ أَرُدَّ عَلَى رَسُولِ اللهِ ﷺ أَمْرَهُ لَرَدَدْتُ، وَاللهُ وَرَسُولُهُ أَعْلَمُ» [٢].

---

[١] أخرَجَهُ أَبُو يَعْلَى (كَما في «المَقْصَدِ العَلِيِّ» رقم: ٦٤)؛ وَابْنُ المنْذِرِ في «الأوْسَطِ» (رقم: ٦٦٨٤)؛ وَالبَيْهَقِيُّ في «المدْخَلِ» (رقم: ١٣٤٨)، وَإِسْنَادُهُ حَسَنٌ.

[٢] مُتَّفَقٌ عليه: أخرَجَهُ البُخاريُّ (رقم: ٣١٨١، ٤١٨٩، ٧٣٠٨)؛ ومُسلِمٌ (رقم: ١٧٨٥).

الرَّابِعَة: التَّحَرِّي، والتَّثَبُّتُ، والوَرَعُ، والتَّحوُّط من التَّعجُّلِ في الكلامِ دُونَ مُسْتَنَدٍ مَتِينٍ، واستِحضارُ أنَّه بما يَقُولُ إنَّما يُوقِّعُ عن اللهِ رَبِّ العالَمِينَ.

وَالكلَامُ بالظَّنِّ إن لم تُرَجِّحْهُ القَرائِنُ وتَقومُ عليهِ الشَّواهِدُ فَصاحِبُهُ عَلى خَطَرٍ، فَقَدْ قالَ اللهُ تعالى عَنِ المشْرِكينَ: ﴿إِن يَتَّبِعُونَ إِلَّا ٱلظَّنَّ وَمَا تَهْوَى ٱلْأَنفُسُ وَلَقَدْ جَآءَهُم مِّن رَّبِّهِمُ ٱلْهُدَىٰٓ﴾ [النَّجم: ٢٣]، وقـال: ﴿وَمَا لَهُم بِهِۦ مِنْ عِلْمٍ إِن يَتَّبِعُونَ إِلَّا ٱلظَّنَّ وَإِنَّ ٱلظَّنَّ لَا يُغْنِى مِنَ ٱلْحَقِّ شَيْـًٔا﴾ [النَّجم: ٢٨]، وقالَ النَّبيُّ ﷺ: **«إِيَّاكُمْ وَالظَّنَّ، فَإِنَّ الظَّنَّ أَكْذَبُ الحَدِيثِ»**(١).

الخامِسَة: التَّثَبُّتُ في المنقُولِ، واعتِمادُ المراجعِ الأصُولِ، وبخاصَّةٍ فيما يَعزُوهُ إلى رَسُولِ اللهِ ﷺ وأصحابِهِ، ولأهلِ اللُّغَةِ، وَمَن لِقَولهِ وَزنٌ في العلمِ وتأثيرٌ.

وهذا يَقتَضِي أمورًا، أبرزُهَا:

١ - أن لا يَعتَمِدُ مِنَ الحديثِ والأثَرِ إلَّا ما ثَبتَتْ رِوايَتهُ، فإن لم يَكُن مِنْ أهلِ الصَّنْعَةِ الحدِيثِيَّةِ فليَعْتَمِدْ عَلى ثِقَةٍ عارِفٍ.

٢ - إن نَقلَ عَن مُعَيَّنٍ مِنَ العُلَماءِ نَصًّا نَسَبَهُ إلَيْهِ، فذلِكَ مُقتَضَى الأمانَةِ.

---

(١) مُتَّفقٌ عليه: أخرجَهُ البُخاريُّ (رقم: ٥١٤٣، ٦٠٦٤، ٦٠٦٦، ٦٧٢٤)؛ ومُسلِمٌ (رقم: ٢٥٦٣).

٣ ـ إن أحالَ الخبرَ أحالهُ عَلى مَراجِعهِ الأصليّةِ إلّا أن يَتعذَّرَ، فإن اعتَمَدَ المصادِرَ الثَّانويَّةَ بَيَّنَ.

٤ ـ لا يَسوقُ أو يَعتَمِدُ ما يراهُ في الكُتُبِ دونَ تَوثُّقٍ حتّى يطمَئِنَّ، فقَدْ يَعتَمِدُ مُصَحَّفًا، أو نَصًّا مُقْحَمًا، أو كلامًا مُدرجًا دُونَ أن يَدْرِي، وبخاصَّةٍ وأنَّ ذلِكَ لم تَسلَمْ منهُ كَثيرٌ من الكُتُبِ المطبُوعَةِ.

٥ ـ إذا عادَ في مُفرَدَةٍ أو تَركِيبٍ إلى أهلِ اللُّغَةِ فليَتحرَّ في اختيارِ المعنَى المناسِبِ، فإنَّ اللُّغَةَ حَمَّالَةُ وُجوهٍ، عَلى أنَّهُ لا يخرُجُ المعنى المقصُودُ عن كلامِهم.

السَّادِسَة: أن يَجريَ على مَنهَجٍ عِلميٍّ مُطَّرِدٍ في التَّفسيرِ. وذلِكَ باتِّباعِ أحسَنِ طُرُقِ التَّفسيرِ، والّتي يَأتي ذِكرُها.

السَّابِعَة: رِعايةُ قَواعِدِ تَفسيرِ القُرآنِ والّتي تَرجِعُ كُلِّيّاتُها إلى ما يَلي:

أوَّلًا: استِصحابُ كَمالِ القُرآنِ وَإحكامِهِ واستْقَامَتِهِ وأنَّه حَقٌّ مُطْلَقٌ، وهوَ القاضِي عَلى ما سِواهُ.

كَمـا قـالَ تـعـالـى: ﴿وَتَمَّتْ كَلِمَتُ رَبِّكَ صِدْقًا وَعَدْلاً لَّا مُبَدِّلَ لِكَلِمَتِهِ﴾ [الأنعام: ١١٥]، وَقالَ: ﴿وَلَقَدْ ضَرَبْنَا لِلنَّاسِ فِي هَذَا ٱلْقُرْءَانِ مِن كُلِّ مَثَلٍ لَّعَلَّهُمْ يَتَذَكَّرُونَ ۝ قُرْءَانًا عَرَبِيًّا غَيْرَ ذِى عِوَجٍ لَّعَلَّهُمْ يَتَّقُونَ﴾ [الزُّمَر: ٢٧ـ٢٨]، وَقالَ عَزَّ: ﴿الر كِتَٰبٌ أُحْكِمَتْ ءَايَٰتُهُ ثُمَّ فُصِّلَتْ مِن لَّدُنْ حَكِيمٍ خَبِيرٍ﴾ [هُود: ١]، وَقالَ: ﴿ٱلْحَمْدُ لِلَّهِ ٱلَّذِى أَنزَلَ عَلَىٰ عَبْدِهِ ٱلْكِتَٰبَ وَلَمْ يَجْعَل لَّهُۥ عِوَجًا ۝ قَيِّمًا﴾ [الكَهف: ١ـ٢]، وَقالَ: ﴿وَإِنَّهُۥ لَكِتَٰبٌ عَزِيزٌ ۝ لَّا يَأْتِيهِ ٱلْبَٰطِلُ مِنۢ بَيْنِ يَدَيْهِ وَلَا مِنْ خَلْفِهِۦ تَنزِيلٌ مِّنْ حَكِيمٍ حَمِيدٍ﴾ [فُصِّلَت: ٤١ـ٤٢].

ثانِيًا: بَيانُ القُرآنِ لِنَفسِهِ، وَبَيانُ السُّنَّةِ لِلقُرآنِ، وهَذانِ طَرِيقانِ لا يَجوزُ إغفالُهما عِندَ تفسيرِ النَّصِّ القُرآنِيِّ؛ لأَنَّها يَحسِمانِ المظِنَّةَ، ويَرفَعانِ الإشكالَ، كَما قالَ تعالى: ﴿يَٰٓأَيُّهَا ٱلَّذِينَ ءَامَنُوٓاْ أَطِيعُواْ ٱللَّهَ وَأَطِيعُواْ ٱلرَّسُولَ وَأُوْلِي ٱلۡأَمۡرِ مِنكُمۡۖ فَإِن تَنَٰزَعۡتُمۡ فِي شَيۡءٖ فَرُدُّوهُ إِلَى ٱللَّهِ وَٱلرَّسُولِ إِن كُنتُمۡ تُؤۡمِنُونَ بِٱللَّهِ وَٱلۡيَوۡمِ ٱلۡأَخِرِۚ ذَٰلِكَ خَيۡرٞ وَأَحۡسَنُ تَأۡوِيلًا﴾ [النِّسَاءِ: ٥٩]، وقالَ: ﴿وَإِذَا جَآءَهُمۡ أَمۡرٞ مِّنَ ٱلۡأَمۡنِ أَوِ ٱلۡخَوۡفِ أَذَاعُواْ بِهِۦۖ وَلَوۡ رَدُّوهُ إِلَى ٱلرَّسُولِ وَإِلَىٰٓ أُوْلِي ٱلۡأَمۡرِ مِنۡهُمۡ لَعَلِمَهُ ٱلَّذِينَ يَسۡتَنۢبِطُونَهُۥ مِنۡهُمۡۗ وَلَوۡلَا فَضۡلُ ٱللَّهِ عَلَيۡكُمۡ وَرَحۡمَتُهُۥ لَٱتَّبَعۡتُمُ ٱلشَّيۡطَٰنَ إِلَّا قَلِيلٗا﴾ [النِّساء: ٨٣].

وَعَن عَبدِاللهِ بنِ عَمرٍو، عَنِ النَّبِيِّ ﷺ قالَ: «إنَّ القُرآنَ لَم يَنزِل يُكَذِّبُ بَعضُهُ بَعضًا، بَل يُصَدِّقُ بَعضُهُ بَعضًا، فَما عَرَفتُم مِنهُ فَاعمَلُوا بِهِ، وَما جَهِلتُم مِنهُ فَرُدُّوهُ إلى عالِمِهِ»[١].

وأحَدُ المعنَيَينِ لِقَولِهِ: «فَرُدُّوهُ إلى عالِمِهِ»: رُدُّوهُ إلى اللهِ ورَسُولِهِ، ومِنهُ رَدُّ المشكِلِ إلى القُرآنِ والسُّنَّةِ[٢].

ثالثًا: رِعايةُ سِياقِ النَّصِّ القُرآنِيِّ تَركِيبًا ونُزولًا.

---

(١) أخرَجَهُ أحمَدُ (رقم: ٦٧٠٢، ٦٧٤١)، وإسنادُهُ حَسَنٌ.

(٢) وفي عَصرِنا نابِتَةٌ يَتَقَحَّمونَ الكَلامَ في القُرآنِ ويَدَّعُونَ تَفسيرَهُ وهُم يُنكِرُونَ السُّنَّةَ، فهؤُلاءِ أصحابُ أهواءٍ لَيسوا مِن أهلِ التَّجْديدِ في التَّفسيرِ في شَيءٍ، بَل لَيسُوا مِن أهلِ العِلمِ بِشَرائعِ الدِّينِ، فجَحدُ السُّنَّةِ أو الإعراضُ عَنها رَدٌّ لِلقُرآنِ نَفسِهِ، وإذا كانَ عُذرُ بَعضِهِم وُجودَ ما لا يَصِحُّ مِنَ الحَديثِ، فما هَذا بِعُذرٍ لِلرَّدِّ المُطلَقِ، فالسُّنَّةُ لا تَثبُتُ إلّا بالحَديثِ الصَّحيحِ، وما لا تَثبُتُ صِحَّتُهُ فمَطروحٌ، وهؤُلاءِ إذا لَم يَكونوا أهلًا لِتَمييزِ ذلِكَ فَليَرجِعُوا فيهِ إلى أهلِهِ.

والمَقصُودُ بِسِياقِ التَّركِيبِ: النَّظَرُ إلى مَعنى الآيَةِ مِن خِلالِ تَأَمُّلِ سِياقِ جُملَتِها، أو مَقاطِعِها، وما تَقَدَّمَها قَبلَها ولَحِقَ بها بَعدَها، والكَشفُ عَنِ العَلاقَةِ بَينَ تلكَ التَّراكِيبِ، مَع مُلاحَظَةِ الحَذفِ والاختِصارِ والتَّقدِيمِ والتأخيرِ والخَبَرِ والطَّلَبِ وتَنَوُّعِ الصِّيَغِ، وغَيرِ ذلِكَ مِن أساليبِ الكَلامِ.

أمَّا سِياقُ النُّزولِ، فهُوَ مَعرِفَةُ أسبابِ نُزولِ القُرآنِ، وأزمِنَتِهِ كَالمكِّيِّ والمدَنيِّ، وما يَتعلَّقُ بتَواريخِ الوَقائِعِ؛ لِتَميِيزِ مَراحِلِ مَجِيءِ النَّصِّ وظُرُوفِهِ، ومَعرِفَةِ النَّسخِ.

رابعًا: استِثمارُ تَعَدُّدِ المَعاني اللُّغَويَّةِ.

وهَذا مِن أوسَعِ الآفاقِ للمُجَدِّدِ في التَّفسيرِ، فكَما تقَدَّمَ أنَّ لُغَةَ العَرَبِ حَمّالَةُ وُجوهٍ، والقُرآنُ بلِسانٍ عَربِيٍّ، وألفاظُ القُرآنِ جاءَت بأحسَنِ كَلامِ العَرَبِ وأجمَلِهِ وأكمَلِهِ، وما تَعرَّضَ أحَدٌ لتَفسيرِ القُرآنِ إلّا انتفَعَ بهَذا الطَّريقِ.

واشتَمَلَت كَثيرٌ مِن كُتُبِ التَّفسيرِ عَلى ذِكرِ الوُجوهِ المتعدِّدَةِ، مُنذُ أن ظَهَرَ التَّأليفُ في التَّفسيرِ، فقَدِ امتَلأَ «جَامِعُ البَيانِ» للطَّبرِيِّ بذلِكَ، وألَّفَ في تَقريبِهِ بعضُ العُلَماءِ مِن بَعدُ، وَمِن أحسَنِ الكُتُبِ فيهِ، كِتابُ «بَصائِرُ ذَوي التَّميِيزِ في لَطائِفِ الكِتابِ العَزيزِ» للفَيرُوز آبادِيِّ صاحِبِ كِتابِ «القَامُوسِ المحِيطِ»، وَمِن ذلكَ الكُتُبُ المؤَلَّفَةُ في مُفرَداتِ القُرآنِ، كَما أنَّ مِن مَراجِعِهِ كُتبَ اللُّغَةِ.

وَمِنَ الوَسائِلِ المُساعِدَة على الانتِفاعِ بهذا الطَّريقِ: رعايَةُ الاشتِقاقِ اللُّغويِّ للمُفرَداتِ، وَدَلالةِ التَّراكيبِ النَّحويَّةِ والصَّرفيَّةِ، وعُلومِ البلاغةِ: المعاني، والبَيانِ، والبَديعِ.

خامِسًا: التَّفسيرُ بمُقتَضى القَواعِدِ الأُصوليَّةِ.

وذلكَ كَدَلالةِ الأمرِ والنَّهيِ، والعُمومِ والخُصوصِ، والإطلاقِ والتَّقييدِ، والمنطوقِ والمفهومِ، وَقَواعِدِ النَّسخِ، وَتَمييزِ الحَقيقةِ مِنَ المجازِ، إلى غيرِ ذلكَ ممَّا يُعرَفُ مِن مَظِنَّتِه.

سادِسًا: الدَّورانُ في فَلَكِ تَحقيقِ مَقاصِدِ القُرآنِ.

فالمقصَدُ الأكبَرُ مِن نُزولِ القُرآنِ تَحقيقُ مَصالحِ العِبادِ في المعاشِ والمعادِ.

وهَذا الجانِبُ مِنَ التَّفسيرِ لم يَخْلُ مِنْهُ عَصرٌ سَلَفَ، وعُنيَ به أثناءَ كُتُبِ التَّفسيرِ مُعظمُ مَن عُرفوا بالإبداعِ والزِّيادةِ بالرَّأي فيهِ، ونَبَّه عليه الغَزاليُّ في «جَواهِرِ القُرآنِ» وغيرُه، وَلكِنَّ إقبالَ كَثيرٍ مِنَ المعاصِرينَ على الاعتِناءِ بعِلمِ المقاصِدِ، جَعلهُ يَبرُزُ كَمَعْلَمٍ مِن مَعالِمِ التَّجْديدِ في تَفسيرِ القُرآنِ.

ولاعتِناءِ الطَّاهرِ بنِ عاشورٍ بعِلمِ المقاصِدِ، ظَهَرَ جَليًّا رِعايتُه لهَذا الجانبِ في تَفسيرِهِ، وحَرَّرَ أصولَها في صَدرِ كِتابِهِ في ثَمانيَةِ أمورٍ [١]:

١ ـ إصلاحُ الاعتِقادِ وتَعليمُ العَقْدِ الصَّحيحِ.

(١) التَّحريرُ والتَّنويرُ، لابن عاشورٍ (٣٩/١-٤١).

٢ ـ تَهْذِيبُ الأَخْلاقِ.

٣ ـ التَّشْرِيعُ، وهو الأَحْكامُ خاصَّةً وعامَّةً.

٤ ـ سِياسَةُ الأُمَّةِ.

٥ ـ القَصَصُ وأَخْبارُ الأُمَمِ السَّالِفَةِ للتَّأَسِّي بصالحِ أحوالهم.

٦ ـ التَّعْلِيمُ بما يُناسِبُ حالةَ عَصرِ المخاطبينَ، وما يُؤَهِّلُهم إلى تَلَقِّي الشَّريعةِ ونَشرِها.

٧ ـ المواعِظُ والإنذارُ والتَّحذِيرُ والتَّبشِيرُ.

٨ ـ الإعجازُ بالقرآنِ لِيكونَ آيةً دالَّةً على صِدقِ الرَّسولِ ﷺ.

وسَبَقَهُ مُحَمَّدُ رَشِيدِ رضا إلى عَدِّ المقاصِدِ الكُلِّيَّةِ للقُرآنِ[1]، كَمَا تَلاهُ القَرْضاوِيُّ[2] أَيْضًا، وسِواهُ، وعِباراتُهُم تَتَفاوَتُ والمعاني مُشْتَرَكَةٌ، والمقصودُ أنَّ التَّجديدَ في التَّفسيرِ برعايةِ المقاصِدِ الكُبرى أو الجُزئِيَّةِ حقْلٌ واسِعٌ يَقبَلُ الكثيرَ مِنَ الإبداعِ ما رُوعِيَت فيه أصُولُ التَّفسيرِ وَوَقَعَ مِن أهلِهِ.

سابعًا: استِصْحابُ المعاني القَطعِيَّةِ المسَلَّمَةِ، وبخاصَّةٍ في العَقائِدِ والأحكامِ التَّكليفِيَّةِ؛ لأنَّها الحَكَمُ عِندَ الإشكالِ.

وهَذا يُنظَرُ فيه إلى بابِ العَقائِدِ، كتَفسِيرِ الغَيبيَّاتِ،

---

(1) تَفسِيرُ القرآنِ الحَكِيم، لمحمَّد رَشِيد رضَا (٢٠٧/١١ وما بعدَها بتَفصيلٍ).

(2) كَيفَ نتعامَل مع القُرآنِ العَظيم، للقَرضاوِيِّ (ص: ٧٣).

وَبخاصَّةٍ ما يَتعلَّقُ منها باللهِ تعالى واليَوم الآخرِ، لأنَّه لا طريقَ إلى مَعرِفتها إلَّا الخبرَ الصَّادِقُ، وعلمُ الإنسانِ قاصِرٌ عَن الكَشفِ عنها بعقلهِ، ولا يملِكُ دارِسٌ للقُرآنِ معها غيرَ الإيمانِ والتَّسليمِ وتفويضِ العلمِ بها إلى اللهِ تعالى.

وعلى هذا، فلا يُتَقَحَّمُ تَفسيرُ هَذا النَّوعِ مِن نُصوصِ القُرآنِ بما هُوَ خارِجٌ عمَّا جاء بهِ النَّصُّ.

وأمَّا في التَّكاليفِ العَمليَّةِ، فلا يُفسَّرُ شيءٌ من القُرآنِ بما يأتي بالإبطالِ لحَقيقتهِ الشَّرعيَّةِ، فليسَ مِنَ التَّجديدِ إبطالُ فرضِ الصَّلاةِ ولا الزَّكاةِ ولا صَومِ رَمَضانَ ولا الحَجِّ، وليسَ مِنَ التَّجديدِ إباحَةُ الميتةِ والدَّمِ ولحمِ الخِنزيرِ والرِّبا والزِّنى.

لَكِن ما يحتَمِلُ الاختِلافَ والتَّأويلَ، سَواءٌ أكانَ في العَقائِدِ أم التَّكاليفِ العمليَّةِ، فإنَّ مُناقشتَه والتَّرجيحَ فيهِ تَجديدٌ مُعتبَرٌ، ما دامَ جاريًا عَلى القَواعِدِ دُون تكلُّفٍ.

ثامنًا: اجتِنابُ البِدعةِ، وعَلامَتُها: مُعارَضةُ قَطعيٍّ، وعَدَمُ مُلاءَمةِ ظَنِّي.

فأمَّا مُعارَضةُ القَطعيِّ فهُوَ فيما لا مَجالَ فيهِ للاجتِهادِ، وَما احتَملَتْهُ قَوانِينُ الاجتِهادِ فلَيسَ بقَطعيٍّ ولِلتَّجديدِ فيهِ سَعَةٌ، إذْ لا يُوصَفُ بالبِدعةِ عَلى التَّحقيقِ ما لَهُ أصلٌ مُعتَبَرٌ وإن لم يَرِدْ بخُصوصهِ الأثَرُ.

تاسِعًا: اسْتِخْرَاجُ الدَّلَائِلِ المناسِبةِ لِلعُلُومِ، فهُوَ مِن أصولِ التَّفسيرِ، وَمِن أبرَزِ معالمِ التَّجديدِ.

وذلِكَ كرَبطِ النَّصِّ القُرآنِيِّ بالعُلومِ المتجدِّدَة، (ويأتي فيهِ: التَّفسيرُ العِلْميُّ)، ويندَرجُ فيهِ جَميعُ ما يتعلَّقُ بالعُلومِ الحَياتيَّةِ كعِلمِ الاجتماعِ والعُمْرانِ والحَضاراتِ، وعُلومِ التَّربيةِ والنَّفسِ والسُّلوكِ، وعُلومِ الاقتِصادِ والسِّياسَةِ، وعُلومِ الطِّبِّ والفَلَكِ وطَبقاتِ الأرضِ، وغيرِ ذلكَ.

بَل يَنبغي بَذْلُ الجُهْدِ لِاستِخْراجِ ذلِكَ مِنَ القُرآنِ وعدَمِ الاقتِصارِ عَلى مُجرَّدِ الرَّبطِ، لأنَّهُ ليسَ في الرَّبطِ استِهْداءٌ بالقُرآنِ عَلى العُلُومِ، وَقَد قالَ اللهُ تعالى: ﴿وَلَقَدْ ضَرَبْنَا لِلنَّاسِ فِى هَٰذَا ٱلْقُرْءَانِ مِن كُلِّ مَثَلٍ لَّعَلَّهُمْ يَتَذَكَّرُونَ﴾ [الزُّمَر: ٢٧]، وَقالَ: ﴿سَنُرِيهِمْ ءَايَٰتِنَا فِى ٱلْءَافَاقِ وَفِىٓ أَنفُسِهِمْ حَتَّىٰ يَتَبَيَّنَ لَهُمْ أَنَّهُ ٱلْحَقُّ أَوَلَمْ يَكْفِ بِرَبِّكَ أَنَّهُ عَلَىٰ كُلِّ شَىْءٍ شَهِيدٌ﴾ [فُصِّلَت: ٥٣].

وَأمْرُ القُرآنِ بالنَّظرِ هُوَ أمْرٌ بالبَحثِ والاستِكْشافِ، فالقُرآنُ هادٍ إلى جَميعِ المعارِفِ، لا عَلى مَعنى اشتِمالِهِ عَلى تَسْميَةِ جُزْئِيَّاتِها، وإنَّما عَلى إرشادِهِ إلى استِخْراجِها بدَلالَتِهِ عَلى أصولِها والحَثِّ عَلى التَّنقيبِ عنها وَفيها.

❧ ❧ ❧

ܟܠ ܬܝܒܘܬܐ ܐܘܠܝܐ

ܬܚܘܡܐ ܩܕܡܝܐ

مَجالُ التَّجْدِيدِ في التَّفْسِيرِ يُرادُ بِهِ تَناوُلُهُ في كُلِّ سِياقٍ مُمكِنٍ يَتَحَقَّقُ بِهِ تَيْسِيرُ بَيانِهِ، وَيَقُومُ عَلَى حُسْنِ التَّدَبُّرِ والفَهْمِ، وهُوَ وَارِدٌ عَلَى وُجوهٍ:

الأَوَّل: تَنْقِيَةُ التَّفْسِيرِ مِنَ الأَحادِيثِ الضَّعِيفَةِ والواهِيَةِ، فالسُّنَّةُ تُفَسِّرُ القُرآنَ، وشَرْطُ أن يَكونَ المنْقُولُ سُنَّةً تُبَيِّنُ القُرآنَ أن تَثْبُتَ بها الرِّوايَةُ عَنِ النَّبِيِّ ﷺ.

ويَتْبَعُهُ تَنْقِيَةُ التَّفْسِيرِ مِنَ الآثارِ المحكِيَّةِ عَنِ السَّلَفِ، وعَزْلُ ما لا يَثْبُتُ نَقْلُهُ، فإذا قِيلَ: (تَفْسِيرٌ بالمأثُورِ)، يَكُونُ قَد ثَبَتَ عَمَّن نُسِبَ إلَيْهِ، وَلا يَخْفَى عَلَى مُتَتَبِّعٍ كَمْ في ذلِكَ مِن إزالَةٍ لإشكالاتِ التَّعارُضِ في المنْقُولاتِ، كَما فِيهِ إبرازُ قُوَّةِ الاستِدْلالِ والاستِشْهادِ عِنْدَما يَثْبُتُ الخَبَرُ عَمَّن نُسِبَ إلَيْهِ.

وقَد وُجِدَ في بَعْضِ تِلْكَ المنْقُولاتِ، وبخاصَةٍ عَنِ الصَّحابَةِ ما يُقِيمُهُ بَعْضُ النَّاسِ مَقامَ الحُجَّةِ، أو يُرَجِّحُ بِهِ مَذْهَبًا ضَعِيفًا، والنَّقْلُ فِيهِ لا يَثْبُتُ.

نَعَمْ قَوْلُ الصَّحابِيِّ ومَذْهَبُهُ في التَّفْسِيرِ لَيسَ بِحُجَّةٍ مُلْزِمَةٍ على الرَّاجِحِ، وَلَكِنَّهُ إذا لم يَثْبُتْ أَصْلًا فَقَدْ قُطِعَ الطَّرِيقُ دُونَ استِعْمَالِهِ حَتَّى اسْتِئْناسًا، وبِخَاصَّةٍ وَقَدْ وُجِدَ مِن ذَلِكَ مَا يُعارِضُ الصَّحِيحَ الثَّابِتَ.

الثَّاني: تَخلِيصُهُ مِنْ تَفسيرِ الغَيْبِيَّاتِ بغيرِ ما جاءَ في القُرآنِ نَفسِهِ أو ثبَتَ في السُّنَّةِ؛ لكَونِها لا يُعرَفُ صِدْقُها إلَّا بالخبرِ عَن اللهِ تعالى أو رَسُولِهِ ﷺ، فإن حُكِيَت عَمَّن دُونَ النَّبيِّ ﷺ، فيَغلِبُ أن تكونَ مِمَّا أُثِرَ عَن أهلِ الكِتابِ أو سِواهُم، ما لم تَقُمْ حُجَّةٌ بَيِّنَةٌ أنه عنِ النَّبيِّ ﷺ.

الثَّالثُ: تَخلِيصُه مِنَ البِدَعِ العَقَدِيَّةِ والسُّلوكِيَّةِ، كبِدَعِ المعتزِلَةِ وَالرَّافِضَةِ أو غَيرِهِم، وكبِدَعِ الصُّوفِيَّةِ في بَعضِ ما يُسَمَّى (التَّفسيرَ الإشارِيَّ).

وَالتَّفْسِيرُ الإشارِيُّ مِنْهُ طَرَفٌ حَسَنٌ مَقْبُولٌ، وَمِن بابِهِ ما يَقَعُ في التَّفسِيرِ بالخَواطِرِ، فإن الكَثيرَ مِنْهَا يَصْدُقُ عَليهِ أن يَكُونَ مِن قَبِيلِ التَّفْسِيرِ الإشارِيِّ. وسَيَأتِي بَيانُهُ.

الرَّابعُ: تَخليصُهُ من عِلمِ الكَلامِ والفَلسَفَةِ وَمُستَغلَقِ القَوْلِ، فإنَّ من مَقاصِدِ التَّجدِيدِ في التَّفسيرِ تَيسِيرَ فَهمِ القُرآنِ، وتلكَ الآراءُ المبثُوثَةُ الَّتِي لا يَفْهَمُها سِوَى أصحابِها المتكلِّمِينَ بها ليسَ مِنَ البَيانِ، وفيهِ تَعقِيدٌ وتَعسِيرٌ يُنَزَّهُ عن مِثلِهِ كلامُ العَلِيمِ الخَبِيرِ الَّذِي أنزَلَه هدايةً للنَّاسِ.

الخَامِسُ: تَخْلِيصُهُ مِنَ الآرَاءِ الفِقْهِيَّةِ المَذْهَبِيَّةِ والانْتِصَارِ لَها بِما هُوَ خَارِجٌ عَنِ التَّفْسِيرِ، والاكْتِفَاءُ مِنْ ذلِكَ بِدَلالَةِ اللَّفْظِ والسِّيَاقِ، فَالقُرْآنُ لَيْسَ حَنَفِيًّا ولا شَافِعِيًّا، ولَيْسَ وَسِيلَةً يَنْتَصِرُ بِها صَاحِبُ مَذْهَبٍ عَلَى غَيْرِهِ، وما يَحْتَمِلُهُ التَّفْسِيرُ مِنْ جِهَةِ دَلالَةِ اللُّغَةِ والنَّقْلِ مِنَ الآرَاءِ الفِقْهِيَّةِ يُحَرَّرُ عَلَى وَفْقِ تِلْكَ الدَّلالَةِ، لا عَلَى سَبِيلِ الانْتِصَارِ لِلْمَذْهَبِ، ومِنْ ثَمَّ يُسَلَّمُ لِمَا تَقْتَضِيهِ تِلْكَ الدَّلالَةُ ولَوْ خَالَفَ المَذْهَبَ.

السَّادِسُ: مُجَانَبَةُ التَّعْقِيدَاتِ اللُّغَوِيَّةِ، واللُّغَاتِ الضَّعِيفَةِ أو المَهْجُورَةِ، فَالقُرْآنُ جَاءَ باللُّغَةِ الأَعْلَى مَعَ يُسْرِهِ تِلاوَةً ودَلالَةً، كَما قَالَ تَعَالَى: ﴿وَلَقَدْ يَسَّرْنَا ٱلْقُرْءَانَ لِلذِّكْرِ فَهَلْ مِن مُّدَّكِرٍ﴾ [القَمَر: ١٧].

السَّابِعُ: مُجَانَبَةُ التَّكَلُّفِ في تَحْمِيلِ النَّصِّ القُرْآنِيِّ ما لا يُجِيزُهُ السِّيَاقُ ولا اللُّغَةُ مِنَ الآرَاءِ، أو النَّظَرِيَّاتِ العِلْمِيَّةِ، بل وُقُوعُ ذلِكَ يُشِيرُ إلى خَلَلٍ تِلْكَ الآرَاءِ والنَّظَرِيَّاتِ أو خَطَئِها.

الثَّامِنُ: صِيَاغَةُ التَّفْسِيرِ بِلُغَةٍ يَفْهَمُها المُخَاطَبُ، وتَيْسِيرُ ذلِكَ لَهُ؛ لأنَّهُ المَقْصُودُ بالخِطَابِ، ولَيْسَ التَّشَدُّقُ بالمُفْرَدَاتِ وتَكَلُّفُ القَصْدِ إلَيْها واجِبًا ولا مَنْدُوبًا، بَل هُوَ مُسْتَقْبَحٌ، ومَن أرادَ البَلاغَةَ، فَهِيَ كَما قِيلَ: «البَلاغَةُ أن تَبْلُغَ إلى دَقِيقِ المعاني بِجَلِيلِ القَوْلِ»[1].

---

[1] حُكِيَ عَنِ الشَّافِعِيِّ. أخْرَجَهُ الخَطِيبُ في «الفَقِيهِ والمُتَفَقِّهِ» (رقم: ٧٠٧)، ولا يَصِحُّ إسْنَادُهُ إلَيْهِ؛ ولِذا لم أعْزُهُ إلَيْهِ.

وليسَ التَّفسِيرُ أنْ يُحقِّقَ المفسِّرُ نَهمَتَهُ في كَثرةِ الكلامِ وطُولِ النَّفَسِ في التَّفاصِيلِ، ما لم يَقتضِهَا البَيانُ، فإِن تحقَّقَ كَفَّ عن الإسهابِ، إذْ هو عندئذٍ خُروجٌ عن المقصُودِ.

التَّاسِعُ: رعايَةُ التَّوازُنِ في تناوُلِ النَّصِّ القُرآنِيِّ بالبَيانِ، فلا تُغَلِّبُ أحكامَهُ العَمليَّةَ في العِباداتِ والمعامَلاتِ وغيرِها عَلى العَقائِدِ والسُّلُوكيَّاتِ والأخلاقِ والعِبرَةِ، ولا يُقيَّدُ البَيانُ بقُيودٍ وَضعيَّةٍ ليسَت لازمةً، كحَصرِ عَدَدِ آياتِ الأحكامِ بعَدَدٍ مُعيَّنٍ.

العاشِرُ: قِراءةُ القِصَّةِ القُرآنيَّةِ على أنَّها خِطابٌ وبَيانٌ ودَرْسٌ وتَشرِيعٌ لمَن خُوطِبَ بالقُرآنِ، لا يُحالَ دونَ ذلكَ بزَعم أنَّ ما فيها شِرعَةٌ لمَن قَبْلَنا وليسَ شِرعَةً لنا، ففي هذا بَخْسٌ لدَلالَةِ نصِّ القُرآنِ، ذلكَ أنَّ ما نُسِخَ من شَرائِعِ الأنبياءِ قبلَ نبِيِّنا ﷺ قد بُيِّنَ لنا، وليسَ منهُ القِصَّةُ الَّتي سِيقَت للاهتِداءِ بما فيها من التَّفصِيلِ، بل هِيَ بدَلائِلِها مَقصُودةٌ لهذهِ الأمَّةِ المخاطَبةِ بالقُرآنِ.

فهَذهِ قِصَّةُ يُوسُفَ ﷺ، بدَأتْ سُورتُها بقَولِ اللهِ تعالى: ﴿الٓرۚ تِلۡكَ ءَايَٰتُ ٱلۡكِتَٰبِ ٱلۡمُبِينِ ۝ إِنَّآ أَنزَلۡنَٰهُ قُرۡءَٰنًا عَرَبِيًّا لَّعَلَّكُمۡ تَعۡقِلُونَ ۝ نَحۡنُ نَقُصُّ عَلَيۡكَ أَحۡسَنَ ٱلۡقَصَصِ بِمَآ أَوۡحَيۡنَآ إِلَيۡكَ هَٰذَا ٱلۡقُرۡءَانَ وَإِن كُنتَ مِن قَبۡلِهِۦ لَمِنَ ٱلۡغَٰفِلِينَ﴾ [يُوسُف: ١ ـ ٣]، وخُتِمَتْ بقَولِهِ تعالى: ﴿لَقَدۡ كَانَ فِي قَصَصِهِمۡ عِبۡرَةٞ لِّأُوْلِي ٱلۡأَلۡبَٰبِۗ مَا كَانَ حَدِيثٗا يُفۡتَرَىٰ وَلَٰكِن تَصۡدِيقَ ٱلَّذِي بَيۡنَ يَدَيۡهِ وَتَفۡصِيلَ كُلِّ شَيۡءٖ وَهُدٗى وَرَحۡمَةٗ لِّقَوۡمٖ يُؤۡمِنُونَ﴾

[يُوسُف: ١١١].

وذَكَرَ اللَّهُ ﷿ مِنْ قِصَّةِ إِبْرَاهِيمَ الخَلِيلِ ﷺ، ثُمَّ قَالَ: ﴿وَوَهَبْنَا لَهُۥ إِسْحَٰقَ وَيَعْقُوبَ كُلًّا هَدَيْنَا وَنُوحًا هَدَيْنَا مِن قَبْلُ وَمِن ذُرِّيَّتِهِۦ دَاوُۥدَ وَسُلَيْمَٰنَ وَأَيُّوبَ وَيُوسُفَ وَمُوسَىٰ وَهَٰرُونَ وَكَذَٰلِكَ نَجْزِى ٱلْمُحْسِنِينَ ۝ وَزَكَرِيَّا وَيَحْيَىٰ وَعِيسَىٰ وَإِلْيَاسَ كُلٌّ مِّنَ ٱلصَّٰلِحِينَ ۝ وَإِسْمَٰعِيلَ وَٱلْيَسَعَ وَيُونُسَ وَلُوطًا وَكُلًّا فَضَّلْنَا عَلَى ٱلْعَٰلَمِينَ ۝ وَمِنْ ءَابَآئِهِمْ وَذُرِّيَّٰتِهِمْ وَإِخْوَٰنِهِمْ وَٱجْتَبَيْنَٰهُمْ وَهَدَيْنَٰهُمْ إِلَىٰ صِرَٰطٍ مُّسْتَقِيمٍ ۝ ذَٰلِكَ هُدَى ٱللَّهِ يَهْدِى بِهِۦ مَن يَشَآءُ مِنْ عِبَادِهِۦ وَلَوْ أَشْرَكُوا۟ لَحَبِطَ عَنْهُم مَّا كَانُوا۟ يَعْمَلُونَ ۝ أُوْلَٰٓئِكَ ٱلَّذِينَ ءَاتَيْنَٰهُمُ ٱلْكِتَٰبَ وَٱلْحُكْمَ وَٱلنُّبُوَّةَ فَإِن يَكْفُرْ بِهَا هَٰٓؤُلَآءِ فَقَدْ وَكَّلْنَا بِهَا قَوْمًا لَّيْسُوا۟ بِهَا بِكَٰفِرِينَ ۝ أُوْلَٰٓئِكَ ٱلَّذِينَ هَدَى ٱللَّهُ فَبِهُدَىٰهُمُ ٱقْتَدِهْ قُل لَّآ أَسْـَٔلُكُمْ عَلَيْهِ أَجْرًا إِنْ هُوَ إِلَّا ذِكْرَىٰ لِلْعَٰلَمِينَ﴾ [الأنعام: ٨٤ ـ ٩٠].

فَأُمِرَ نَبِيُّنَا ﷺ أَنْ يَقْتَدِيَ بِهُدَاهُمْ جَمِيعًا، وَلَا يُمْكِنُ ذَلِكَ إِلَّا وَهُدَاهُمْ مَعْلُومٌ لَهُ، وَلَا طَرِيقَ إِلَى عِلْمِهِ بِهِ إِلَّا مَا أَوْحَاهُ اللَّهُ لَهُ، كَمَا قَالَ تَعَالَى: ﴿قُلْ إِن ضَلَلْتُ فَإِنَّمَآ أَضِلُّ عَلَىٰ نَفْسِى وَإِنِ ٱهْتَدَيْتُ فَبِمَا يُوحِىٓ إِلَيَّ رَبِّى﴾ [سبأ: ٥٠]، وَقَالَ: ﴿إِنْ أَتَّبِعُ إِلَّا مَا يُوحَىٰ إِلَيَّ﴾ [الأنعام: ٥٠].

فَلَمْ يَأْخُذْ هُدَاهُمْ مِنْ كُتُبِ أَهْلِ الكِتَابِ وَلَا مِنْ غَيْرِهِمْ، فَلَا بُدَّ أَنْ يَكُونَ مَا قَصَّهُ اللَّهُ عَنْهُمْ فِي كِتَابِهِ وَمَا أَتَاهُ بِهِ جِبْرِيلُ ﷺ مِنْ حَدِيثِ الغَيْبِ عَنْهُمْ هُوَ مَرْجِعُهُ لِلاقْتِدَاءِ بِهِمْ.

وَعَنِ العَوَّامِ بْنِ حَوْشَبٍ، قَالَ: سَأَلْتُ مُجَاهِدًا عَنْ سَجْدَةٍ فِي ﴿ص﴾، فَقَالَ: سَأَلْتُ ابْنَ عَبَّاسٍ: مِنْ أَيْنَ سَجَدْتَ؟ فَقَالَ:

«أَوَ مَا تَقْرَأُ: ﴿وَمِن ذُرِّيَّتِهِۦ دَاوُۥدَ وَسُلَيْمَٰنَ﴾ [الأنعام: ٨٤]، ﴿أُوْلَٰٓئِكَ ٱلَّذِينَ هَدَى ٱللَّهُ فَبِهُدَىٰهُمُ ٱقْتَدِهْ﴾ [الأنعام: ٩٠]، فَكَانَ دَاوُدُ مِمَّنْ أُمِرَ نَبِيُّكُمْ ﷺ أَنْ يَقْتَدِيَ بِهِ، فَسَجَدَهَا دَاوُدُ عَلَيْهِ السَّلَامُ، فَسَجَدَهَا رَسُولُ اللهِ ﷺ»(١).

الحادِي عَشَرَ: تَحقيقُ الرَّاجِحِ في مَواضِعِ الاختِلافِ، فإنَّ سَرْدَ الأقوالِ كَما هو في كَثيرٍ من كُتُبِ التَّفسيرِ دُونَ تَرجيحٍ تَشْويشٌ، وفيه مِنَ الإثقالِ على المتلقِّي ما لا يخفَى، وذلكَ صَدٌّ عَن القُرآنِ، وسَواءٌ ما كانَ عائِدًا إلى المفردَاتِ اللُّغويَّةِ، أو آراءِ المفسِّرِينَ.

هذه مَعالِمُ رَئيسَةٌ في سِياقِ التَّجدِيدِ في تَفسيرِ القُرآنِ مِن خِلالِ تَناوُلِ المخزُونِ التُّراثيِّ فيهِ.

---

(١) أخرَجَهُ البُخارِيُّ (رقم: ٤٨٠٧).

ثانِيًا
التَّجدِيدُ في التَّفسِيرِ بإعادَةِ صِياغَتِهِ

والتَّنبيهُ في هذا على أربَعَةِ سِياقاتٍ:

❑ **الأوَّل: التَّنقِيَة والتَّصْفِيَة.**

وذلِكَ بالإبقاءِ على ما يَصْلُحُ اعتِمادُهُ مِمَّا يتَّفقُ معَ أصُولِ التَّفسِيرِ وقَواعِدِهِ، والثَّابِتِ مِن المأثُورِ في الأحادِيثِ والآثَارِ، والمعانِي والدَّلَالاتِ اللُّغَوِيَّةِ الظَّاهِرَةِ القُوَّةِ والرُّجحانِ، واستِبْعادِ ما سِوى ذَلِكَ مِنَ القِراءاتِ الشَّاذَّةِ والْمُنكَرَةِ، وَالأحادِيثِ والآثارِ الضَّعيفَةِ والموضُوعَةِ، والآراءِ وَالأقوالِ الضَّعِيفَةِ والرَّكيكَةِ، مِمَّا قامَ الدَّلِيلُ عَلى ضَعْفِهِ، أو كانَ مِمَّا لا يَلِيقُ أن يُضافَ إلى القُرآنِ.

وذلِكَ معَ رِعايَةِ تَقْدِيمِ ما حَقُّهُ التَّقْدِيمُ من ذلِكَ، وليُعْلَمْ هُنا أنَّ مَن عَمَدَ إلى التَّجْدِيدِ في هذا السِّياقِ، فيَنبغِي أن يَتَّبعَ التَّسَلْسُلَ التاليَ في دَرجاتِ **التَّفسيرِ:**

١ ـ فأعلاها تَفسِيرُ آيَةٍ بآيَةٍ.

وهذا هُوَ تَفسِيرُ القُرآنِ بالقُرآنِ، ويُوقَفُ عليهِ من خِلالِ

مُلاحَظةِ السِّياقِ، أو تَتبُّعِ النَّظائرِ للآيةِ أو الآياتِ في القُرآنِ، وهذا المنهَجُ له أصلٌ في تَفسيرِ رَسولِ اللهِ ﷺ.

فعَن عَبدِاللهِ بنِ مَسعودٍ، قالَ: لَمَّا نَزَلَتْ: ﴿ٱلَّذِينَ ءَامَنُوا۟ وَلَمْ يَلْبِسُوٓا۟ إِيمَٰنَهُم بِظُلْمٍ﴾ [الأنعام: ٨٢]، شَقَّ ذلكَ علـى أصحـابِ رَسولِ اللهِ ﷺ، وقالوا: أيُّنا لا يَظلِمُ نَفسَه؟ فقالَ رَسولُ اللهِ ﷺ: «ليسَ هو كَما تَظُنُّونَ، إنَّما هو كَما قالَ لُقمانُ لابنِهِ: ﴿يَٰبُنَىَّ لَا تُشْرِكْ بِٱللَّهِ إِنَّ ٱلشِّرْكَ لَظُلْمٌ عَظِيمٌ﴾ [لُقمان: ١٣]»[١].

وَمِن هَذا تَتبُّعُ دَورانِ المفرَدةِ في القُرآنِ؛ للنَّظَرِ فيما استُعمِلَت له، فهوَ مِن أحسَنِ ما يُكشَفُ بهِ المعنى، وذلكَ مِن تَفسيرِ القُرآنِ بالقُرآنِ.

٢ ـ ثُمَّ تَفسيرُ السُّنَّةِ لِلقُرآنِ.

فقد أوكَل اللهُ تعالى بَيانَ القُرآنِ لِنَبيِّهِ ﷺ، فقالَ: ﴿وَأَنزَلْنَآ إِلَيْكَ ٱلذِّكْرَ لِتُبَيِّنَ لِلنَّاسِ مَا نُزِّلَ إِلَيْهِمْ وَلَعَلَّهُمْ يَتَفَكَّرُونَ﴾ [النحل: ٤٤].

وهِيَ الشَّارحُ القَطعيُّ للقُرآنِ، فما أتت بهِ مِن بَيانِهِ فهُو حُجَّةٌ؛ لِما فَرَضَ اللهُ تعالى مِن طاعةِ رَسولِهِ ﷺ، وفي السُّنَّةِ بَيانُ مُجمَلاتِ القُرآنِ كالصَّلاةِ والزَّكاةِ والصِّيامِ والحَجِّ والمعامَلاتِ والأحوالِ الشَّخصيَّةِ كالزَّواجِ والطَّلاقِ وغيرِها، بَل إنَّ حياةَ النَّبيِّ ﷺ كُلَّها بَيانٌ للكِتابِ المنزَلِ، بالقَولِ والفِعلِ والعَيشِ بالقُرآنِ والتَّخلُّقِ بأخلاقِهِ.

---

(١) مُتَّفقٌ عليه: أخرَجهُ البُخاريُّ (رقم: ٦٩٣٧)؛ ومسلمٌ (رقم: ١٢٤).

٣ ـ ثُمَّ الرِّوايَةُ المُسنَدَةُ عَنِ الصَّحابَةِ.

ويُفرَّقُ بَينَ ما يَكونُ حُجَّةً في التَّفسيرِ مِن قَولِ الصَّحابِيِّ وما هو مِن رَأيِهِ، فيُلحَقُ الأوَّلُ بِالسُّنَنِ، وذلِكَ مِثلُ ما لَهُ حُكمُ الرَّفعِ، ولَم تَقُمْ شُبهَةٌ على أنَّهُ مِنَ الإسرائيليّاتِ، ومِثلُ سَبَبِ نُزولٍ، أو نَسخٍ لا يَحتَمِلُ القَولَ بِالاجتِهادِ.

كَما يُقَدَّمُ القِراءاتِ التَّفسيرِيَّةَ؛ لاحتِمالِ أن يَكونَ لَها حُكمُ الرَّفعِ.

والتَّفسيرُ اللُّغَوِيُّ لِلصَّحابِيِّ حُجَّةٌ في اللُّغَةِ، يُقَدَّمُ على قَولِ كُلِّ لغوِيٍّ، فهُو أعلَمُ بِلُغَةِ القُرآنِ؛ إذْ بِلُغَتِهِ نزَلَ.

وما هُوَ مِن تَفسيرِ الصَّحابِيِّ بِرَأيِهِ واجتِهادِهِ فهُو مُقَدَّمٌ في الاعتِبارِ وإن لَم يَكُن حُجَّةً مُلزِمَةً على أصَحِّ القَولَينِ؛ لأنَّهُ أحدَثُ عَهدًا بِالتَّنزيلِ وأعلَمُ بِمَواقِعِهِ، ولِصُحبَةِ النَّبِيِّ ﷺ، مَع ما يَنضَمُّ إلى ذلكَ مِن كَونِ القُرآنِ نزَلَ بِلِسانِهِ كَما تَقدَّمَ، وهذِهِ خِصالٌ لا يُشارِكُ عُلَماءَ الصَّحابَةِ فيها مَن بعدَهم.

٤ ـ ثُمَّ الرِّوايَةُ المُسنَدَةُ عَنِ التَّابِعينَ وَمَن قارَبَ زَمانَهُم مِنْ أئِمَةِ التَّفسيرِ.

فالتَّابِعونَ خِرِّيجو مَدارِسِ الصَّحابَةِ، وقَدِ اختَصَّت منهم طائفَةٌ بِالاعتِناءِ بِتَفسيرِ القُرآنِ مَع ما كانَ لهم مِن سَعَةِ المَعرِفَةِ بِالسُّنَنِ وبِاللِّسانِ، كأصحابِ عليِّ بن أبي طالِبٍ وعَبْدِاللهِ بن مَسعودٍ وَعَبْدِاللهِ بن عبّاسٍ وعَبْدِاللهِ بن عُمرَ وأنَسِ بن مالِكٍ.

ويُنْتَبَهُ إلى أنَّهُ :

- لَيسَ كُلُّ ما يُرْوَى مُسْنَدًا يَصْلُحُ اعْتِمادُهُ، ولو كانَ صَحِيحَ النَّقْلِ، فَمِن تَفْسِيرِ السَّلَفِ ما يَرْجِعُ إلى عُرْفِهِم، وقَد يَتَعَذَّرُ إدراكُهُ على المتدبِّرِ بعدَ مُرورِ الزَّمَنِ الطَّويلِ وتَغيُّرِ العُرْفِ.

- قَد يَقَعُ في تَفْسِيرِهم ما يكونُ مُخالِفًا لِنَقْلٍ صَحِيحٍ مَرْفوعٍ إلى النَّبِيِّ ﷺ؛ لِجَوازِ أن يَخْفَى عَلى صَحابِيٍّ بَعضُ حَدِيثِ النَّبِيِّ ﷺ يَعلَمُهُ غيرُهُ.

والمراجِعُ المعِينَةُ في التَّفْسِيرِ الَّتي جمَعَتِ المأْثورَ عَنِ النَّبِيِّ ﷺ والصَّحابَةِ والتَّابِعِينَ، أبرَزُها قَديمًا: تَفْسِيرُ الطَّبَرِيِّ، المسمَّى «جامِع البَيانِ عَن تأويل آي القُرآنِ»، و «تَفْسِيرُ القُرآنِ العَظِيم» لابن أبي حاتم الرَّازِيِّ، ومِنْ أجمَعِها: «الدُّرُّ المنثورُ في التَّفْسِيرِ بالمأْثورِ»، للجَلالِ السُّيوطِيِّ، ومِن أجوَدِ العَمَلِ في هذا السِّياقِ ما نُشِرَ حَدِيثًا بإشرافِ مُساعِدٍ الطَّيّارِ: «مَوسُوعَة التَّفْسِيرِ المأْثورِ».

٥ ـ ثمَّ آراءُ مَن بَعْدَهُمْ من أئِمَّةِ العِلْمِ مِمَّن تَكَلَّموا بالرَّأي في التَّفْسِيرِ.

فالأمَّةُ لم يَزَلْ فيها المعتَنُونَ بِبيانِ القُرآنِ وشَرحِ مَعانِيهِ، فَقَد وَقَعَ ذلكَ في كَلامِ خَلْقٍ كَثيرينَ من السَّلَفِ مِن طَبَقَةِ أتْباع التَّابِعِينَ ومَن قارَبهم وتَلاهُم، كأئِمَّةِ الحَديثِ وَالفِقهِ والسُّلوكِ، ثُمَّ أفرِدَت فيهِ المؤلَّفاتُ وَكَثُرَت، على مناهِجَ شَتَّى، وفيها عِلمٌ كَثيرٌ،

غيرَ أنَّ ما لا يَعودُ إلى النَّقلِ منها من رَأيِ أصحابِها، له سِماتٌ يحتَاجُ المستَفِيدُ منها أن يَرعاها، مِن أهمِّها ما يلي:

أوَّلًا: أنَّها رأيٌ، وكُلُّ رأيٍ فهوَ يَقبلُ المراجعَةَ والمناقَشَةَ وَالتَّعقُّبَ والرَّدَّ.

ثانِيًا: أنَّ ظُهورَ البِدَعِ الاعتِقادِيَّةِ كانَ لهُ الأثَرُ البيِّنُ فيها، وقَد تكلَّمَتْ في تَفسيرِ القُرآنِ جَمِيعُ الفِرَقِ.

ثالِثًا: أنَّ بُرُوزَ المذهبِيَّةِ الفِقهيَّةِ والانتِماءَ إليها أثَّرَ بجلَاءٍ في تَفسيرِ المنتَمِينَ إليها للقُرآنِ عَلى ما يَخْدُمُ مَذَاهِبَهُمْ.

رابِعًا: أنَّها وقَعَ فيها التَّكرارُ الكَثِيرُ والإعادَةُ لما قِيلَ قَبلُ من الرَّأيِ في التَّفسيرِ، فحُسْنُ النَّظَرِ فيها ينبَغِي أن يَكُونَ بالرُّجوعِ إليها مُرتَّبَةً بحسَبِ قِدَمِ تألِيفِها؛ لتَحاشِي التَّكرارِ أو الإحالَةِ على غيرِ أصْلٍ.

خامِسًا: أنَّ كلامَ المفسِّرِ منهُم وقعَ بحسَبِ ما انتهَى إليه فيهِ عِلمُهُ، ولا تكتَمِلُ صُورَةُ الفَهمِ بالاقتِصارِ عليهِ؛ لذا فربَّما لم تَتحَصَّلِ الفائِدَةُ المرجُوَّةُ إلَّا من خلالِ استِقراءِ جَميعِ ما يُمكِنُ الوقوفُ عليهِ مِمَّا قِيلَ في الآيَةِ.

سادِسًا: أنَّ كَثيرًا من نُصُوصِ القُرآنِ لم تَنكَشِفْ لِمَن سَبَقَ مَعانِيها؛ لتَوقُّفها عَلى عُلومٍ أخرَى لم تَكن مِن عُلومِ أولئكَ المفسِّرينَ أو لم يُحِيطُوا بها عِلمًا كافيًا في أزمِنَتهِم، فتكلَّموا فيها برأيٍ تكلَّفوهُ تَبيَّنَ خطَؤُهُ أو ضَعفُهُ، وذلِكَ كعِلْمِ الفَلَكِ والطِّبِّ وَالطَّبِيعَةِ وغَيرِهَا مِنَ العُلُومِ المتَجدِّدَةِ بتَطَوُّرِ البَحْثِ.

❑ الثَّانِي: الجَمْعُ وَالتَّنقِيحُ والمناقَشَةُ وَالتَّرجِيحُ.

وهوَ جَمعُ وَتَحرِيرُ كُلِ ما قِيلَ في التَّفسيرِ وأورِدَ فيهِ، وإعادَةُ ذلكَ إلى أصُولِهِ ومَصادرِهِ، ومُناقَشتُهُ للإبانَةِ عَن قُوَّتِهِ أو ضَعْفِهِ، ثُمَّ تَرجِيحُ ما تَقوَى حُجَّتُهُ ويَظهَرُ وَجْهُهُ، معَ زِيادَةِ البَيانِ بحسَبِ ما تَبيَّنَ للباحِثِ المتدبِّرِ مِنَ الوُجوهِ والمعانِي المناسِبَةِ لِلسِّياقِ القُرآنيِّ ودَلالتِهِ، وبحسَبِ ما استَجَدَّ من العُلومِ والمعارفِ الَّتِي تتَضَمَّنُ ما هو من صَميمِ دلَالَةِ النَّصِّ القُرآنِيِّ، كالعُلومِ التَّجريبيَّةِ.

ومِنْ حَسَنِ أمثِلَتهِ: «تَفسيرُ القُرآنِ العَظِيم» لابنِ كَثِيرٍ، وَ «مَحاسِنُ التَّأويلِ» لِلقاسِمِيِّ، وَ«تَفسِيرُ المنارِ» لِمُحَمَّدِ رَشِيدِ رِضَا، وَ «التَّحرير والتَّنوير» للطَّاهرِ بْنِ عاشُورٍ.

❑ الثَّالث: التَّهذِيبُ والتَّلخِيصُ.

وتَعريفُ هَذا الطَّريقِ أن يُلخَّصَ التَّفسِيرُ مِن خِلالِ استعِراضِ ما قِيلَ فيهِ ممَّا هُوَ الألصَقُ بدلالَةِ النَّصِّ والأقومُ في حُجَّتهِ، دونَ سَردِ الأقاويلِ والخِلافِ، ودونَ إضافَةٍ.

وقَد يَقَعُ هَذا في العمَلَ عَلى كِتابٍ سابقٍ مُطوَّلٍ جامعٍ في التَّفسيرِ، وذلكَ مِثلُ «تَفسِيرِ القُرآنِ» لِلعِزِّ بن عَبدالسَّلامِ، وهوَ تَلخيصٌ وتَهذِيبٌ لتَفسيرِ الماوردِيِّ المسمَّى «النُّكت والعُيُون». وكَما صنعَ ذلِكَ غيرُ واحدٍ مِن أهلِ عَصْرِنا في «تَفسيرِ القُرآنِ العَظِيم» لابنِ كَثِيرٍ.

أو كُتُبٍ مُتعدِّدَةٍ، ويَحسُنُ التَّمثِيلُ لهُ بكتابِ «صَفوَةِ التَّفاسِيرِ» لمحمَّدِ عَلِيٍّ الصَّابونِيِّ.

أو بإنشاءِ تَفسِيرٍ على هذا النَّحوِ يُستَخلَصُ ممَّا هو مَوجودٌ في مَراجعِ التَّفسيرِ المختلِفَةِ، ومِن أمثِلَتهِ في كُتُبِ السَّابقِينَ: «الوَجِيزُ في تَفسيرِ الكِتابِ العَزِيزِ» لأبي الحسَنِ الواحِدِيِّ، وهُوَ مُختَصَرٌ، وتَفسِيرُ النَّسَفِيِّ، المسمَّى «مَدارِكَ التَّنزيلِ وحَقائِقَ التَّأويلِ». والكُتُبُ الَّتِي نَحَتْ هذا النَّحوَ كثيرةٌ.

❑ والرَّابعُ: التَّفسِيرُ باللُّغَةِ السَّهلَةِ الجارِيَةِ.

وهَذا يَكونُ التَّجدِيدُ فيهِ بالصِّياغَةِ بلُغَةٍ عربيَّةٍ تُناسِبُ العَصْرَ، كمَا صنعَ عَبدُالرَّحمن السَّعدِيُّ في تَفسيرهِ المسمَّى «تَيسير الكَريم الرَّحمَن في تَفسيرِ كلامِ المنَّانِ».

أو بلُغَةِ مَن يُقصَدُ تَقريبُ مَعانِي القُرآنِ لهُم من سائرِ الأمَمِ، فيُفسَّرُ لهم القُرآنُ بلُغاتهم، إذ الغايَةُ رَبطُ النَّاسِ بالقُرآنِ وتَقريبُهُ إليهِم، كتَرجَماتِ القُرآنِ إلى اللُّغاتِ، كالإنجليزيَّةِ والفرنسِيَّةِ وَالأورديَّةِ وغيرِها من ألسِنَةِ أهلِ الأرضِ.

وقَد يُبيِّنُ العالمُ بالقُرآنِ مَعانِيَهُ باللُّغةِ السَّائِدَةِ في المجتَمعِ، كِمثالِ تَفسيرِ محمَّدِ مُتولِّي الشَّعراويِّ المسمُوعِ والمشاهَدِ وهوَ يَتحدَّثُ في التَّفسيرِ بأجمَلِ بَيانٍ ولكن باللَّهجَةِ المصريَّةِ الدَّارِجَةِ.

ثالثًا

التَّجْدِيدُ في التَّفسِيرِ بالإبداعِ فيه بالجَدِيدِ

والمقصُودُ بذلِكَ تَفعِيلُ التَّدَبُّرِ للقُرآنِ، والخُروجُ مِن الانحباسِ في التَّفسِيرِ التُّراثيِّ، دونَ إلغاءٍ لهُ، كَما تقدَّمَ؛ ذلِكَ لأنَّ الاستِغناءَ عن جميعِ التُّراثِ المنقولِ في التَّفسِيرِ لا يمكِنُ لمن راعَى القَواعِدَ، فإنَّهُ لا غِنًى عن سُنَّةٍ مُفسِّرَةٍ، ولا عَن لُغَةٍ مُبيِّنَةٍ، ولا عَن حِكايَةِ سَبَبِ نُزولٍ صَحِيحَةٍ، ولا عَن قِراءَةٍ قرآنِيَّةٍ دافِعةٍ لإشكالٍ، كَما أنَّ في إغفالِ التُّراثِ في التَّفسِيرِ مُطلَقًا مَفسَدَةً راجِحةً، كَما تقدَّمَ ذِكرُهُ، ذلِكَ أنَّ العُقولَ الإنسانِيَّةَ الّتي كانَ أئمَّةُ التَّفسِيرِ على مَكِنةٍ عالِيَةٍ فيها منذُ عَهدِ الصَّحابةِ إلى عَصرِنا، قَد هُدِيَتْ إلى كَثيرٍ مِن المعانِي الرَّاجِحةِ والآراءِ القَويمةِ السَّدِيدَةِ، فهِيَ تُمَثِّلُ غَنِيمةً بارِدَةً لكُلِّ قاصِدٍ إلى التَّجْدِيدِ في تَفسِيرِ القُرآنِ، كما أنَّها تَقِي مِن كَثيرٍ مِن الانحِرافِ المحتَمَلِ.

واستِعراضُ مَناهِجِ التَّجدِيدِ المعاصِرَةِ في التَّفسِيرِ يَكشِفُ عَن طبيعةِ الإضافةِ الّتي لم يَسبِقْ لها التَّفسِيرُ التُّراثِيُّ، وذلِكَ في تَناوُلِ الأنواعِ التَّالِيَةِ:

☐ النَّوعُ الأوَّلُ: التَّفسِيرُ بِالْخَوَاطِرِ والتَّأَمُّلَاتِ:

والمقصُودُ إعمالُ المفسِّرِ فِكرَهُ وتَدبُّرَهُ لاستِخراجِ مَكنُونِ القُرآنِ وَاستِكشافِ أسرارِ مَعانِيهِ، وصِياغَةُ بَيانِهِ بإنشائِهِ وكَلامِهِ.

وهَذا منهَجٌ قَدِيمٌ، سلَكَهُ كَثيرٌ مِنَ المفسِّرينَ في ثَنايا تَفسيرِهم للقُرآنِ، ومِنهُم مَن غلَبَ عليهِ كتَفسيرِ بَعضِ أئمَّةِ التَّصوُّفِ، مثلُ: تَفسيرِ سَهلِ بْنِ عَبدِاللهِ التُّستَرِيِّ (ت: ٢٨٣هـ)، وَ«لَطائفِ الإشاراتِ» لأبي القاسِمِ القُشَيرِيِّ (ت: ٤٦٥هـ)، وعلى تَفاسيرِ الصُّوفيَّةِ المجرَّدةِ لطريقِهم مآخِذُ، وهوَ ما سبَقَتْ تَسمِيتُهُ (التَّفسيرَ الإشارِيَّ)، فهَذا إذا أتى عَلى المناسبَةِ لدَلالَةِ الآيَةِ بوَجهٍ جارٍ عَلى القَواعِدِ من أقسامِ دلالَةِ النَّصِّ، وكانَ اللَّفظُ لا يأباهُ، وهُوَ معنًى صَحيحٌ في نَفسهِ دُونَ تكلُّفٍ، كانَ مَقبُولًا[١].

ولهَذا النَّوعِ مِنَ التَّجدِيدِ أمثِلَةٌ عِدَّةٌ فِيما كُتِبَ في التَّفسيرِ في عَصرِنا، مِنها: «مَجالسُ التَّذكيرِ مِن كَلامِ الحَكيمِ الخَبيرِ»، لابنِ بادِيسَ، وهو في تَناوُلِ سُورٍ مَعدُودةٍ مِن القُرآنِ. وَ«فِي ظِلالِ القُرآنِ»، لسَيِّدِ قُطبٍ. وَ«تفسيرِ الشَّعراوِيِّ».

وهَذهِ الأمثِلَةُ وشِبهُها في هَذا العَصرِ ألصَقُ بالتَّدبُّرِ واستيحاءِ المعانِي مِن خِلالهِ، مِمَّا عُرفَ مِن خَواطِرِ الصُّوفيَّةِ، وأرحَبُ أفقًا،

---

[١] انظُر كِتابَيَّ: المقدِّمات الأساسِيَّة في عُلومِ القُرآنِ (ص: ٣٥٧)؛ التِّبْيان في أقْسامِ القُرآنِ، لابن القَيِّم (ص: ٥٠).

ولا يَخلُو مِن رِعايَةِ لُغَةِ القُرآنِ وتَقريبِ مَعانيهِ بالتَّقسيمِ والتَّنويعِ واستِخراجِ الفَوائِدِ.

◻ **النَّوعُ الثَّاني: التَّفسيرُ المَوضُوعِيُّ:**

وهُوَ مَنهَجٌ جَديدٌ في أسلوبِهِ وطَبيعَتِهِ، يُضَمُّ إلى عُلُومِ التَّفسيرِ.

ويَتَمثَّلُ في ثَلاثَةِ نَماذِجَ:

أوَّلها: الاعتِناءُ بتَفسيرِ السُّورَةِ القُرآنِيَّةِ باستِخراجِ مَوْضُوعِها الكُلِّيِّ الَّذي تَدُورُ عَليهِ تَفاصيلُها ليَكُونَ بمَثابَةِ العُنوانِ لَها، وبتَحْليلِ مَوضُوعاتِها الفَرعِيَّةِ، وذلِكَ بمنزِلَةِ الأصلِ للشَّجَرَةِ، ثُمَّ الآياتُ أغصانُها وفُروعُها.

وهَذا النَّموذَجُ عُنِيَ بإبرازِهِ مُحَمَّدُ رَشيدٍ رِضا في «تَفسيرِ المنارِ»، وجَرَى عَلَيهِ سَيِّدُ قُطْبٍ في «في ظِلالِ القُرآنِ»، ثُمَّ تَبِعَ هَذا المنهَجَ آخرُونَ.

وبالنَّظَرِ إلى تَناوُلِ جَميعِ سُوَرِ القُرآنِ باتِّباعِ هَذا المنهَجِ، يأتي عَمَلُ عَبدِالحَميدِ مَحمُود طهماز: «التَّفسيرُ المَوضُوعِيُّ لسُوَرِ القُرآنِ العَظيمِ» والَّذي نُشِرَ سنَة ١٤٣٥هـ في ثمانِية مُجَلَّداتٍ، ليَكُونَ مِثالًا مُناسِبًا.

ويَتَفرَّعُ عن هذا ما يُسَمَّى «عِلمَ التَّناسُبِ»، أو «المناسَبَة»، وهوَ: إبرازُ المناسَبَةِ بَيْنَ الآياتِ والسُّورِ والتَّرابُطِ بَينَها:

وهُوَ عِلمٌ سَبَقَ إلَيْهِ كَثيرُونَ كالفَخرِ الرَّازيِّ وغَيرِهِ، وألَّفَ على مِنهاجِهِ بُرهانُ الدِّينِ أبُو الحَسَنِ إبراهيمُ بنُ عُمَرَ البِقاعِيُّ (ت: ٨٨٥هـ)،

كِتابَهُ: «نَظم الدُّرر في تَناسُبِ الآياتِ والسُّوَرِ». وعُنِيَ بهِ من المتأخِّرينَ عَبدُالحَميدِ الفَراهِيُّ الهندِيُّ (ت: ١٣٤٩هـ) وإن كانَ عمَلُهُ لم يَكتَمِلْ، وذلك في كِتابهِ: «نِظام القُرآنِ وتأوِيل الفُرقانِ بالفُرقانِ».

وقَد قالَ ابنُ العرَبيِّ قَدِيمًا في هذا العِلم في تَناسُبِ الآياتِ: «إنَّ ارتِباطَ آيِ القُرْآنِ بَعضِها بِبَعضٍ حتَّى تَكونَ كالكلِمَةِ الواحِدَةِ، مُتَّسِقةَ المعانِي، مُنْتَظِمةَ البَيانِ، علمٌ عَظِيمٌ»(١).

وَنَقَلَ البِقَاعِيُّ عَن شَيْخِهِ أَبِي الفَضْلِ البِجائِيِّ أحَدِ عُلَماءِ المغارِبَةِ، قالَ: «الأمرُ الكُلِّيُّ المفيدُ لعِرْفانِ مُناسَباتِ الآياتِ في جَميعِ القُرآنِ هُو أنَّكَ تَنْظرُ الغَرَضَ الَّذِي سِيقَتْ له السُّورَةُ، وتَنْظرُ ما يَحتاجُ إليهِ ذلكَ الغَرَضُ مِن المقدِّماتِ، وتَنْظرُ إلى مَراتبِ تلكَ المقدِّماتِ في القُرْبِ والبُعْدِ مِن المطلُوبِ، وتَنْظرُ عِندَ انجرارِ الكلامِ في المقدِّماتِ إلى ما يَسْتَتْبِعُهُ مِن استِشْرافِ نَفسِ السَّامعِ إلى الأحكامِ واللَّوازمِ التَّابعةِ له الَّتي تَقتَضِي البلاغةُ شِفاءَ العَليلِ بدَفعِ عَناءِ الاستِشْرافِ إلى الوُقوفِ عَليها. فهذا هو الأمرُ الكُلِّيُّ المهَيمِنُ عَلى حُكْمِ الرَّبطِ بينَ جَميعِ أجزاءِ القُرآنِ، وإذا فَعَلْتَهُ تبيَّنَ لكَ إن شاءَ الله وَجْهُ النَّظمِ مُفَصَّلًا بينَ كُلِّ آيةٍ وآيةٍ، في كُلِّ سُورَة سُورَة»(٢).

(١) سِراج المريدِينَ، لابن العَربيِّ (٤/١٤٤).
(٢) نَظْم الدُّرر، لِلبِقاعِيِّ (١/١٨).

لَكِن يُلَاحظُ في هَذا العِلمِ ما نَبَّهَ عليهِ العِزُّ بْنُ عَبْدِالسَّلَامِ، إذ قالَ: «المناسَبةُ عِلمٌ حَسَنٌ، ولكِن يُشْتَرطُ في حُسْنِ ارتباطِ الكَلامِ أن يَقعَ في أمرٍ مُتَّحِدٍ مُرْتَبِطٍ أوَّلُهُ بآخرِه، فإن وقَعَ على أسبابٍ مختَلِفَةٍ لم يُشْتَرَط فيه ارتباطُ أحَدِهما بالآخرِ، ومَن ربَط ذلكَ فهو مُتَكلِّفٌ بما لا يَقْدِرُ عليهِ إلَّا بربطٍ رَكيكٍ يُصانُ عنه حَسَنُ الحَديثِ فَضْلًا عَن أحسَنِهِ، فإنَّ القرآنَ نَزَلَ في نَيِّفٍ وعِشرينَ سَنةً، في أحكامٍ مُختَلِفَةٍ، ولأسبابٍ مُختَلِفَةٍ، وما كانَ كذلكَ لا يَتأتَّى رَبْطُ بَعضهِ ببَعضٍ»(١).

وعِلمُ المناسَبَةِ هذَا رُبَّما تَدَاخَلُ معَ هَذا النَّموذَجِ للتَّفسِيرِ الموضُوعيِّ، ولِذَلِكَ سُمِّيَ العَمَلُ الَّذِي قامَت عليهِ نُخْبَةٌ مِن عُلَماءِ التَّفْسِيرِ وعلومِ القُرآنِ بإشْرافِ مُصْطفَى مُسْلِمٍ، ونَشَرَتْهُ جامِعةُ الشَّارِقَةِ سنَة ١٤٣١هـ في عَشْرةِ مُجلَّدَاتٍ: «التَّفسِيرَ الموضُوعِيَّ لسُوَرِ القُرْآنِ الكَريمِ»، وهوَ عَمَلٌ بَدِيعٌ، وتَفْسِيرٌ تَحلِيلِيٌّ تَجدِيدِيٌّ مُعاصِرٌ، رَاعَى في الأَصْلِ عِلْمَ المناسَبَةِ.

ثانِيها: تَتَبُّعُ الآياتِ المندَرِجَةِ تَحْتَ مَوْضُوعٍ واحِدٍ ودِراسَتُهُ بإظهارِ دَلَائلهِ ومَعانِيهِ والمناسبَةِ بَينَ أجزائِهِ وتَمايُزِ ما بَينَهَا.

وهَذا من قَبيلِ (تَفسيرِ القُرْآنِ بالقُرْآنِ)، وهُوَ طَرِيقٌ قَدِيمٌ في التَّفْسِيرِ، وإن كانَ لم يَتميَّزْ كعِلْمٍ من عُلُومِهِ بهَذهِ التَّسمِيَةِ (التَّفسِير الموضُوعِي)،

(١) عَن: البُرهان في عُلومِ القُرآن، للزَّركَشِيِّ (١/ ٣٧).

فَفِي المَنْهَجِ التُّراثِيِّ القَدِيمِ وقَعَ الاعْتِناءُ بتَتَبُّعِ المفرَدَاتِ القُرآنِيَّةِ وشَرْحِها، كما يُسْتَفادُ مِنَ الكُتُبِ في (غَرِيبِ القُرآنِ)، و (مُفرَدَاتِ القُرآنِ)، وَ (الأشباهِ والنَّظائرِ)، ومِثلُ كِتابِ «بَصائرِ ذَوي التَّمْييزِ» للفَيروزِ آبادِيِّ. ومِنهُ جَوانِبُ في: عِلمِ (مُشْكِلِ القُرآنِ)، فيرفَعُ الإشكالَ عن آيَةٍ في مَوضِعٍ ورُودُها مُبَيَّنَةً في موضِعٍ آخَرَ، ومِن ذلكَ إفرادُ (أحكامِ القُرآنِ) بالتَّمْييزِ، فكلُّ ذلِكَ رُوعِيَ فِيهِ المَوضُوعُ.

وثالِثُها: ما يَجْري اليَوْمَ مِن قِبَلِ بَعضِ الباحِثِينَ مِن الاعْتِناءِ بمَوضُوعٍ مُعَيَّنٍ، في العَقائدِ أو في المبادِئِ العامَّةِ أو أيِّ مَوضُوعٍ كُلِّيٍّ، واسْتِقراءِ النَّصِّ القُرآنِيِّ، وجَمْعِ جَمِيعِ ما لهُ صِلَةٌ بذلِكَ الموضُوعِ، وَدِراسَتُهُ، وذلِكَ مِثلُ: العَدْلِ، الصَّبرِ، الجِهادِ، الصَّدَقةِ، أو ما يَكُونُ أعَمَّ مِن ذلِكَ، كموضُوعِ الأخلاقِ في القُرآنِ، أو في سِياقِ قِصَّةٍ مِن قَصَصِ القُرآنِ، أو الآياتِ الكَونِيَّةِ.

□ النَّوعُ الثَّالِثُ: التَّفْسِيرُ بحَسَبِ النُّزُولِ:

والمقصُودُ بِهِ: التَّفْسِيرُ بترَتِيبِ سُوَرِ القُرآنِ كُلِّها (المئةِ والأربَعَ عَشرَةَ سُورةً) في نُزولِهَا سُورةً سُورةً، لا بمُراعاةِ تَرتِيبِها في المصْحَفِ.

وهذا نَوعٌ مِنَ التَّفْسِيرِ حَدِيثٌ، وهُوَ مِثالٌ مِنْ أمثِلةِ التَّجْدِيدِ، ومَعَ اعتِناءِ مَن تَقَدَّمَ ببيانِ نُزولِ القُرآنِ، وتَمْييزِ المكِّيِّ مِن المدنِيِّ، والمتقدِّمِ من المتأخِّرِ، لكنَّهُ لا يُعرَفُ تَرتِيبُ تَفسِيرِ القُرآنِ على هذا النَّحوِ قَبْلَ عَصرِنا.

وَمِمَّن عُنِيَ بِهِ مـحَمَّدُ عِزَّةَ دَرْوَزَةَ النَّابُـلْـسِيُّ، المـتـوَفَّى سنَةَ (١٤٠٤هـ)، وكتَبَ فيهِ تَفسيرَهُ المسمَّى «التَّفسيرِ الحَديثِ».

كذَلِكَ عَبدالرَّحمن حسَن حَبَنَّكة الميداني الدِّمشقِيُّ (ت: ١٤٢٥هـ)، فكتَبَ فيهِ تَفسيرَه: «مَعارجَ التفَكُّر ودَقائِق التَّدبُّر»، وهو تَفسيرٌ كَبيرٌ، رَتَّب سُوَر القُرآنِ فيه على تَرتيبِ النُّزولِ، وبَناهُ على كتابٍ لهُ في أصُولِ التَّفسيرِ هو مِن أحسَنِ كُتُب القَواعِدِ المؤلَّفةِ في ذلكَ، واسمُهُ: «قَواعِد التَّدبُّرِ الأمثَلِ لكتابِ اللهِ ﷻ»، غيرَ أنَّه أدرَكَه الأجَلُ قَبلَ أن يُتِمَّهُ، ﵀، وقَد فَرَغَ فيه مِنَ السُّوَرِ المكِّيَّةِ وابتَدَأ بأوَّلِ السُّوَرِ المدنيَّةِ.

ولهذا النَّوعِ مِيزَةٌ في التَّجديدِ نافِعَةٌ، وهِيَ فهمُ القُرآنِ عَلى الصِّفةِ الَّتي أنزِلَ عليها مُفرَّقًا على مَدى ثَلاثٍ وعِشرينَ سنَةً، وكَيفَ أنَّهُ راعَى أحوالَ المخاطَبينَ والتَّدرُّجَ في تَربِيَتِهم وتَعليمِهم، كَما فيه تَمييزُ المتقدِّمِ والمتأخِّرِ ومُناسَبَةُ كُلٍّ مِنهما لظَرفِهِ.

لَكِن يُشْكِلُ عليهِ أنَّ تَرتيبَ النُّزولِ بالنَّظرِ إلى كُلِّ سُورةٍ بعَينِها أمرٌ يعوزُهُ الدَّليلُ الثَّابِتُ، ولا يَصِحُّ في ذلكَ شيءٌ يَستَغرِقُ جَميعَ سُوَرِ القُرآنِ، بل الرِّوايَةُ فيه واهِيَةٌ، كيفَ وقَد دَخَلَ في بَعضِ السُّوَرِ المكِّيَّةِ آياتٌ مدنيَّةٌ؟ ومِنْ أجلِه كانَ تَمييزُ المكِّيِّ والمدَنيِّ يُعْرَفُ غالبًا بعَلاماتٍ وَصِفاتٍ، لا يُعرَفُ بالتَّوقيفِ إلَّا لبَعضِ سُوَرِ القُرآنِ.

عَن مُحمَّدِ بنِ سيرينَ، قالَ: قلتُ لعِكرِمَةَ: ألِّفوهُ كَما أنزِلَ،

الأَوَّلُ فالأَوَّلُ؟ فقالَ عِكْرِمَةُ: «لَو اجتمعَ الإِنسُ والجِنُّ عَلى أن يُؤَلِّفوهُ ذلكَ التَّأليفَ ما استطاعوا». قالَ محمَّدٌ: وأراه صادِقًا[1].

غيرَ أنَّ بناءَ هذا النَّوعِ من التَّفسيرِ عَلى التَّغليبِ مَقْبولٌ في الاجتهادِ.

هذا مع ملاحظةِ أنَّه مَنهجٌ لا يَلْتَقِي مع التَّفسيرِ برعايةِ (المناسَبةِ) بينَ السُّورِ، بَلْ حتَّى الآياتِ إذا تَداخَلَ مَكِّيٌّ وَمَدنِيٌّ؛ لأنَّ ذلكَ يَقومُ على اعتبارِ تَرتيبِ المصحفِ لا على تَرتيبِ النُّزولِ، وهذا سَواءٌ على قَولِ مَن ذهَبَ إلى أنَّ تَرتيبَ المصحفِ بأجمعِهِ تَوقيفِيٌّ، أو أنَّ أكثَرَهُ تَوقيفِيٌّ، على ما عليهِ الجُمهورُ.

□ النَّوع الرَّابع: التَّفسيرُ العِلميُّ للقُرآن:

والمقصودُ بِهِ: اعتبارُ العُلُومِ التَّجريبِيَّةِ الحَديثَةِ والكَشْفِ العِلْمِيِّ الكَونِيِّ في فَهْمِ القُرآنِ.

العِلْمُ النَّظريُّ المَحْضُ المتَّفِقُ مع العُقُولِ، أو التَّجريبِيُّ القَطْعِيُّ، لهما جَميعًا أثرُهُما في فَهْمِ القُرْآنِ في سِياقاتٍ كَثيرَةٍ، كالآياتِ الكَونِيَّةِ التِّي سِيقَتْ مَقرونَةً بالأمرِ بالتَّدبُّرِ والنَّظرِ، وَالأخبارِ عَن أحوالِ الأُمَمِ المنزلَةِ أساسًا للدَّرسِ والعِبرَةِ، فهذه النُّصوصُ القُرآنِيَّةُ جاءَت مِن أجلِ تَفعِيلها في الواقعِ والحَياةِ، ولا يَتِمُّ ذلكَ كَما يَلْزَمُ إلَّا بأن تُقرَنَ النُّصوصُ المسْطورةُ بالحَقائِقِ المنظُورَةِ.

---

[1] أخرَجَهُ ابنُ الضُّرَيسِ في «فَضائِل القُرآنِ» (رقم: ٢١، ٢٢)، وإسنادُهُ صَحيحٌ.

كَمَا قَالَ تَعَالَى: ﴿حم ۝ تَنزِيلُ ٱلْكِتَٰبِ مِنَ ٱللَّهِ ٱلْعَزِيزِ ٱلْحَكِيمِ ۝ إِنَّ فِي ٱلسَّمَٰوَٰتِ وَٱلْأَرْضِ لَءَايَٰتٍ لِّلْمُؤْمِنِينَ ۝ وَفِي خَلْقِكُمْ وَمَا يَبُثُّ مِن دَآبَّةٍ ءَايَٰتٌ لِّقَوْمٍ يُوقِنُونَ ۝ وَٱخْتِلَٰفِ ٱلَّيْلِ وَٱلنَّهَارِ وَمَا أَنزَلَ ٱللَّهُ مِنَ ٱلسَّمَآءِ مِن رِّزْقٍ فَأَحْيَا بِهِ ٱلْأَرْضَ بَعْدَ مَوْتِهَا وَتَصْرِيفِ ٱلرِّيَٰحِ ءَايَٰتٌ لِّقَوْمٍ يَعْقِلُونَ ۝ تِلْكَ ءَايَٰتُ ٱللَّهِ نَتْلُوهَا عَلَيْكَ بِٱلْحَقِّ فَبِأَيِّ حَدِيثٍ بَعْدَ ٱللَّهِ وَءَايَٰتِهِۦ يُؤْمِنُونَ﴾ [الجَاثِية: ١ ـ ٦].

وَقَالَ: ﴿وَفِي ٱلْأَرْضِ ءَايَٰتٌ لِّلْمُوقِنِينَ ۝ وَفِي أَنفُسِكُمْ أَفَلَا تُبْصِرُونَ ۝ وَفِي ٱلسَّمَآءِ رِزْقُكُمْ وَمَا تُوعَدُونَ ۝ فَوَرَبِّ ٱلسَّمَآءِ وَٱلْأَرْضِ إِنَّهُۥ لَحَقٌّ مِّثْلَ مَآ أَنَّكُمْ تَنطِقُونَ﴾ [الذَّارِيات: ٢٠ ـ ٢٣].

وَقَالَ: ﴿إِنَّ فِي خَلْقِ ٱلسَّمَٰوَٰتِ وَٱلْأَرْضِ وَٱخْتِلَٰفِ ٱلَّيْلِ وَٱلنَّهَارِ وَٱلْفُلْكِ ٱلَّتِي تَجْرِي فِي ٱلْبَحْرِ بِمَا يَنفَعُ ٱلنَّاسَ وَمَآ أَنزَلَ ٱللَّهُ مِنَ ٱلسَّمَآءِ مِن مَّآءٍ فَأَحْيَا بِهِ ٱلْأَرْضَ بَعْدَ مَوْتِهَا وَبَثَّ فِيهَا مِن كُلِّ دَآبَّةٍ وَتَصْرِيفِ ٱلرِّيَٰحِ وَٱلسَّحَابِ ٱلْمُسَخَّرِ بَيْنَ ٱلسَّمَآءِ وَٱلْأَرْضِ لَءَايَٰتٍ لِّقَوْمٍ يَعْقِلُونَ﴾ [البَقَرة: ١٦٤].

وَقَالَ: ﴿إِنَّ فِي خَلْقِ ٱلسَّمَٰوَٰتِ وَٱلْأَرْضِ وَٱخْتِلَٰفِ ٱلَّيْلِ وَٱلنَّهَارِ لَءَايَٰتٍ لِّأُو۟لِي ٱلْأَلْبَٰبِ ۝ ٱلَّذِينَ يَذْكُرُونَ ٱللَّهَ قِيَٰمًا وَقُعُودًا وَعَلَىٰ جُنُوبِهِمْ وَيَتَفَكَّرُونَ فِي خَلْقِ ٱلسَّمَٰوَٰتِ وَٱلْأَرْضِ رَبَّنَا مَا خَلَقْتَ هَٰذَا بَٰطِلًا سُبْحَٰنَكَ فَقِنَا عَذَابَ ٱلنَّارِ﴾ [آل عِمْرَانَ: ١٩٠ ـ ١٩١].

وَقَالَ: ﴿هُوَ ٱلَّذِي جَعَلَ ٱلشَّمْسَ ضِيَآءً وَٱلْقَمَرَ نُورًا وَقَدَّرَهُۥ مَنَازِلَ لِتَعْلَمُوا۟ عَدَدَ ٱلسِّنِينَ وَٱلْحِسَابَ مَا خَلَقَ ٱللَّهُ ذَٰلِكَ إِلَّا بِٱلْحَقِّ يُفَصِّلُ ٱلْءَايَٰتِ لِقَوْمٍ يَعْلَمُونَ ۝ إِنَّ فِي ٱخْتِلَٰفِ ٱلَّيْلِ وَٱلنَّهَارِ وَمَا خَلَقَ ٱللَّهُ فِي ٱلسَّمَٰوَٰتِ وَٱلْأَرْضِ لَءَايَٰتٍ لِّقَوْمٍ يَتَّقُونَ﴾ [يُونُس: ٥ ـ ٦].

وَقَالَ ﷻ: ﴿قُلْ سِيرُوا۟ فِى ٱلْأَرْضِ فَٱنظُرُوا۟ كَيْفَ بَدَأَ ٱلْخَلْقَ ثُمَّ ٱللَّهُ يُنشِئُ ٱلنَّشْأَةَ ٱلْءَاخِرَةَ إِنَّ ٱللَّهَ عَلَىٰ كُلِّ شَىْءٍ قَدِيرٌ﴾ [العَنكَبُوت: ٢٠]، وَقَالَ: ﴿قُلِ ٱنظُرُوا۟ مَاذَا فِى ٱلسَّمَـٰوَٰتِ وَٱلْأَرْضِ وَمَا تُغْنِى ٱلْءَايَـٰتُ وَٱلنُّذُرُ عَن قَوْمٍ لَّا يُؤْمِنُونَ﴾ [يُونُس: ١٠١].

يُنَبِّهُ بِآيَاتِ الكِتَابِ المُنَزَّلَةِ عَلَى آيَاتِهِ فِي الكَوْنِ، وَيَأْمُرُ عِبَادَهُ بِالتَّفَكُّرِ فِيهَا وَالنَّظَرِ، بِاسْتِثَارَةِ عُقُولِهِمْ وَسَائِرِ قُوَاهُمْ كَالسَّمْعِ وَالبَصَرِ، فَيُحَرِّكُ قُلُوبَهُمْ إِلَى ذَلِكَ بِمُقْتَضَى إِيمَانِهِمْ، وَالَّذِي يَزِيدُهُ وَيُمَكِّنُهُ ذَلِكَ النَّظَرُ حَتَّى يَبْلُغَ بِهِ دَرَجَةَ اليَقِينِ، كَمَا حَصَلَ لِلْخَلِيلِ إِبْرَاهِيمَ ﷺ، كَمَا قَالَ تَعَالَى: ﴿وَكَذَٰلِكَ نُرِىٓ إِبْرَٰهِيمَ مَلَكُوتَ ٱلسَّمَـٰوَٰتِ وَٱلْأَرْضِ وَلِيَكُونَ مِنَ ٱلْمُوقِنِينَ﴾ [الأنْعَام: ٧٥]

وَالأَعْرَابِيُّ فِي الصَّحْرَاءِ يَنْظُرُ إِلَى آيَاتِ اللهِ فِي السَّمَاءِ وَالأَرْضِ، وَفِي إِبِلِهِ وَمَاشِيَتِهِ، وَفِي صِحَّتِهِ وَعَافِيَتِهِ وَذُرِّيَّتِهِ وَنِعْمَةِ اللهِ عَلَيْهِ، وَالعَالِمُ بِالفَلَكِ وَطَبَقَاتِ الأَرْضِ وَالطَّبِيعَةِ وَعُلُومِ الطِّبِّ وَالنَّفْسِ وَالحَيَوَانِ وَالنَّبَاتِ يَنْظُرُ فِي آيَاتِ اللهِ فِي جَمِيعِ ذَلِكَ، وَكِلَاهُمَا إِذَا جَرَّدَ عَقْلَهُ وَامْتَثَلَ أَمْرَ رَبِّهِ زَادَهُ النَّظَرُ إِيمَانًا بِحَسَبِ مَعْرِفَتِهِ، وَهُمَا فِي إِدْرَاكِ كُلِّ عَاقِلٍ لَا يَسْتَوِيَانِ فِي تِلْكَ المَعْرِفَةِ، فَالأَوَّلُ يَرَى مِنَ الآيَاتِ ظَاهِرًا، وَالثَّانِي يَرَى مِنْهَا ظَاهِرًا وَبَاطِنًا يَسْتَكْشِفُ أَسْرَارَ الكَوْنِ وَيَقِفُ عَلَى حَقَائِقَ لَا يُهْتَدَى لَهَا إِلَّا بِعُمْقِ النَّظَرِ، وَشَتَّانَ مَا بَيْنَهُمَا: ﴿قُلْ هَلْ يَسْتَوِى ٱلَّذِينَ يَعْلَمُونَ وَٱلَّذِينَ لَا يَعْلَمُونَ إِنَّمَا يَتَذَكَّرُ أُو۟لُوا۟ ٱلْأَلْبَـٰبِ﴾ [الزُّمَر: ٩].

وهَكَذا مَن يمتَثِلُ تَوجِيهَ القُرْآنِ بأخْذِ العِبْرَةِ مِن تَوارِيخِ الأُمَمِ، فَيَسْتَكْشِفُ مِنَ الحقِيقَةِ بالنَّظَرِ في الواقِعِ ما يُصَدِّقُ ما جاءَ بِهِ الكِتابُ العَزِيزُ، فيَزدَادُ بهِ إيمانًا ويَقِينًا، يَسِيحُ في الأرضِ، ويَتأمَّلُ الآثارَ، ويَتَعَرَّفُ على طَبائعِ الأُمَمِ، فيُورِثُه ذلكَ مِنَ العِلْمِ بالقُرآنِ ما لا يَتهيَّأُ لِمَن يقرَؤُهُ نَظرًا ظاهِرًا مُجَرَّدًا؛ إذ ليسَ الخَبَرُ كالمعايَنَةِ.

قالَ تعالى: ﴿قَدْ خَلَتْ مِن قَبْلِكُمْ سُنَنٌ فَسِيرُوا۟ فِى ٱلْأَرْضِ فَٱنظُرُوا۟ كَيْفَ كَانَ عَـٰقِبَةُ ٱلْمُكَذِّبِينَ ﴿١٣٧﴾ هَـٰذَا بَيَانٌ لِّلنَّاسِ وَهُدًى وَمَوْعِظَةٌ لِّلْمُتَّقِينَ﴾ [آل عِمران: ١٣٧ ـ ١٣٨]، وقالَ: ﴿فَكَأَيِّن مِّن قَرْيَةٍ أَهْلَكْنَـٰهَا وَهِىَ ظَالِمَةٌ فَهِىَ خَاوِيَةٌ عَلَىٰ عُرُوشِهَا وَبِئْرٍ مُّعَطَّلَةٍ وَقَصْرٍ مَّشِيدٍ ﴿٤٥﴾ أَفَلَمْ يَسِيرُوا۟ فِى ٱلْأَرْضِ فَتَكُونَ لَهُمْ قُلُوبٌ يَعْقِلُونَ بِهَآ أَوْ ءَاذَانٌ يَسْمَعُونَ بِهَا ۖ فَإِنَّهَا لَا تَعْمَى ٱلْأَبْصَـٰرُ وَلَـٰكِن تَعْمَى ٱلْقُلُوبُ ٱلَّتِى فِى ٱلصُّدُورِ﴾ [الحجّ: ٤٥ ـ ٤٦].

ولَمَّا ذكَرَ قومَ لُوطٍ وما جَرى لهم، قالَ لِمَن بلَغهُ القُرآنُ: ﴿وَإِنَّكُمْ لَتَمُرُّونَ عَلَيْهِم مُّصْبِحِينَ ﴿١٣٧﴾ وَبِٱلَّيْلِ ۗ أَفَلَا تَعْقِلُونَ﴾ [الصَّافَّات: ١٣٧ ـ ١٣٨]، فآثارُهم آيَةٌ، كَما قالَ عنهُم في مَوضِعٍ آخرَ: ﴿إِنَّ فِى ذَٰلِكَ لَـَٔايَـٰتٍ لِّلْمُتَوَسِّمِينَ ﴿٧٥﴾ وَإِنَّهَا لَبِسَبِيلٍ مُّقِيمٍ ﴿٧٦﴾ إِنَّ فِى ذَٰلِكَ لَـَٔايَةً لِّلْمُؤْمِنِينَ﴾ [الحِجْر: ٧٥ ـ ٧٧]، أي لِقَوْمِ لُوطٍ آثارٌ باقِيَةٌ تَمرُّونَ عليها في طَريقِكم، هي آياتٌ لذَوِي التَّوسُّمِ، وهُوَ الفِراسَةُ وثُقُوبُ النَّظَرِ.

وفي كُلِّ ذلكَ يَقولُ اللهُ تعالى: ﴿سَنُرِيهِمْ ءَايَـٰتِنَا فِى ٱلْـَٔافَاقِ وَفِىٓ أَنفُسِهِمْ حَتَّىٰ يَتَبَيَّنَ لَهُمْ أَنَّهُ ٱلْحَقُّ ۗ أَوَلَمْ يَكْفِ بِرَبِّكَ أَنَّهُۥ عَلَىٰ كُلِّ شَىْءٍ شَهِيدٌ﴾ [فُصِّلت: ٥٣].

فَامتِثالُ الأمْرِ القُرْآنِيِّ بتَدبُّرِ آياتِ اللهِ في الكَونِ عِلْمٌ لا يَنتَهِي، بل هو في تجدُّدٍ دائمٍ، فالبَحْثُ المستَمِرُّ يُوقِفُ عَلى عُلُومٍ عَظِيمَةٍ، لم تَكُنْ لتُعْلَمَ بالجُمودِ عَلى تفسِيراتِ الأقدَمِينَ الَّذينَ لم يكُن لهم حَظٌّ من هذهِ العُلومِ الَّتِي مَكَّن اللهُ تعالى منها الإنسانَ، فإذا كشَفَ العِلمُ النَّظرِيُّ والتَّجْريبيُّ من مَعانِي الكتابِ ما لم يكُن مَعلُومًا، كانَ ذلكَ مِنَ التَّجْدِيدِ في تَفسِيرِ القُرآنِ عِندَ مَن يُعْنَى بتَفسيرِهِ على هَذا الوَجْهِ.

ورِعايَةُ العُلُومِ البَشَرِيَّةِ في تَفسِيرِ القُرآنِ لَيسَ مَسْلكًا حَدِيثًا، بَلْ وقَعَ منهُ طَرَفٌ في كُتُبِ تَفسيرِ القُرْآنِ عِندَ السَّابقِينَ، كَما تَراهُ في مَواضِعَ مَنثُورَةٍ في «مَفاتِيحِ الغَيْبِ» الَّذِي هو «التَّفسِير الكَبِير» للرَّازِيِّ، وفي غَيرِهِ، لكن لم تَكُن العُلُومُ قَبلُ على هَيئَتِها اليومَ، وما تَوصَّلَ إليْهِ الإنسانُ في عَصْرِنا من المعارِف وأسرار الخلقِ مِمَّا لم يُحِطْ بهِ عِلمُ مَن سَبَقَ مِمَّن تكلَّم في تَفسيرِ القُرآنِ، يجعَلُ نَصِيبَ أهلِ هذا العَصرِ كَبيرًا في الرَّبْطِ بينَ دَلائلِ القُرآنِ وكَثيرٍ مِن هذهِ العُلومِ، وبخاصَّةٍ وَأنَّ كثيرًا منها أصبَحَتْ اليومَ حَقائِقَ علمِيَّةً قَطعِيَّةً، فعلمُ الفَلَكِ كانَ يَتداخَلُ معَ الكِهَانَةِ، واليَومَ هُو عِلْمٌ عَظِيمٌ يَقُومُ عَلى الاسْتِدْلَالِ المتينِ والحِسابِ القَطعِيِّ الدَّقِيقِ، وكانَ النَّاسُ يَسْتَهْدُونَ بِالقِيافَةِ ظَنًّا، واليَوْمَ يَقْطَعُونَ بنَتائِجِ الفَحْصِ الجِينِيِّ، وَاضْطَرَبَتْ طائِفَةٌ في أقْصَى مُدَّةِ الحَمْلِ قُرونًا، وَذَلِكَ اليَوْمَ مِنَ البدَهِيَّاتِ، وكُلُّ ذلِكَ لهُ انْعِكَاسٌ إيجابِيٌّ في قِراءَةِ النَّصِّ القُرْآنِيِّ المرتَبِطِ بالخَلْقِ.

وقَد ذَهَبَ كَثِيرٌ مِنَ العُلَمَاءِ في العَصْرِ الحَدِيثِ إلى اعتِبارِ التَّفسِيرِ العِلْمِيِّ للقُرآنِ وَرِعايَتِهِ، فَمِمَّن كانَ بَدَأَ في عَصْرِنا في إبرازِهِ الشَّيخُ مُحَمَّد عَبْدهِ، وعَلى مِنْوالِهِ جَرى تِلمِيذُهُ مُحَمَّدُ رَشِيدِ رِضَا، وتَبِعَهُما على هذا المَنهَجِ خَلْقٌ، وراعاهُ طائِفَةٌ مِن أهلِ الاختِصاصِ في التَّفسِيرِ، كالطَّاهِرِ بن عاشُورٍ، ومِمَّن أدرَكنا الشَّعراوِيُّ، كَما بَرَزَ فيهِ بَعضُ المختَصِّينَ في العُلُومِ مِمَّن كانَ لَهُم نَصِيبٌ في تَدَبُّرِ القُرآنِ، مِثلُ عَبْدالرَّزَّاق نَوْفَل، ومُصْطَفى مَحمُودٍ، وزَغلولَ النَّجَّارِ.

وليسَ المَقصُودُ مِن هذا النَّوعِ مِنَ التَّفسِيرِ أن يَتناوَلَ جَمِيعَ القُرآنِ، فهذا يَستَحِيلُ، إنَّما هُوَ في سِياقِ ما يمكِنُ التَّوصُّلُ إلى معرِفَتِهِ بالمعارِفِ البَشرِيَّةِ، مِمَّا هو جارٍ عَلى وُجوهِ دلالَتِهِ، وَمُتَناسِقٌ مَعَ قَواعِدِ تَفسِيرِهِ وفَهمِهِ، يَدُلُّ عليهِ سِياقُهُ وتَوجِيهُهُ، ولا يُعارِضُهُ، فإن عارَضَهُ دَلَّت تلكَ المعارَضَةُ على أنَّ ما حَسِبَهُ إنسانٌ مَعرِفَةً إنَّما هو خَطأٌ، فالقُرآنُ لا يُعارِضُ الحَقائِقَ القَطعِيَّةَ، فتلكَ الحقائِقُ مِن آياتِ اللهِ، وآياتُ اللهِ المتلُوَّةُ وآياتُهُ في الخَلْقِ يُصَدِّقُ بَعضُها بَعضًا ويَشْهَدُ له.

ويجدُرُ بالتَّنبِيهِ عليهِ أيضًا أنَّه ليسَ المَقصُودُ بهذا الجانِبِ مِنَ التَّجدِيدِ في التَّفسِيرِ استِخْراجَ العُلُومِ الَّتي تَرْجِعُ إلى البَحثِ والتَّجرِبَةِ مِنَ القُرآنِ، فالقُرآنُ ليسَ مَصدَرًا للعُلُومِ بهذا المفهُومِ، وإنَّما اشتَمَلَ على الإرشادِ إلى البَحثِ والاستِكشافِ، وقَد يُطابِقُ ما يتَوصَّلُ إليهِ الإنسانُ بالبَحثِ شَيئًا جاءَ في القُرآنِ، فيكونُ تَطابُقًا بين الآيَتَينِ:

الْمُنزَلَةِ والمشاهَدَةِ، وعِندَئذٍ يكونُ ذلكَ الاكتِشافُ دَلِيلًا على صِدْقِ القُرآنِ.

❑ النَّوع الخامِسُ: التَفْسِيرُ العَدَدِيُّ:

مَعناهُ: اسْتِخراجُ دَلائِلَ ومَعانٍ، بِناءً على حِسابِ عَدَدِ الحُروفِ أو الكَلِماتِ، أو الكَشْفِ عن سِرِّ عَدَدٍ ما كَالسَّبْعَةِ أو السَّبْعينَ أو الأرْبعينَ، كما يَزعُمُ القائِلُونَ بِهِ.

فهَل هَذَا من قَبيلِ التَّجْدِيدِ في التَّفسيرِ الجارِي عَلى المقاصِدِ أو القَواعِدِ؟

ادُّعِيَ أنَّ لهذا أَصْلًا قَدِيمًا، فَقَدْ قِيلَ: إنَّ ابْنَ عَبَّاسٍ قَالَ: «سُورَةُ الْقَدْرِ ثَلاثُونَ كَلِمَةً، السَّابِعَةُ وَالْعِشْرُونَ مِنْهَا ﴿هِيَ﴾»[١].

فعَدَّ بَعْضُهُمْ هَذَا مِنَ الْمُرَجِّحَاتِ أَنَّ لَيْلَةَ الْقَدْرِ هِيَ لَيْلَةُ سَبْعٍ وَعِشْرِينَ مِنْ رَمَضَانَ.

وَعزَا ابْنُ حَزْمٍ هَذَا إِلَى بَعْضِ الْمَالِكِيَّةِ، وَغَلَّظَ فِي إِنْكَارِهِ جِدًّا[٢].

وَقَالَ أَبُو مُحَمَّدِ بْنُ عَطِيَّةَ فِي هَذا النَّمَطِ: «وَهَذِهِ مِنْ مُلَحِ التَّفْسِيرِ، وَلَيْسَتْ مِنْ مَتِينِ الْعِلْمِ»[٣].

---

(١) الْمُغْنِي، لِابْنِ قُدَامَةَ (١١٥/٣)، وَلَمْ أَقِفْ عَلَى هَذَا مُسْنَدًا عَنِ ابْنِ عَبَّاسٍ، وَحَكَاهُ ابْنُ حَجَرٍ فِي «فَتْحِ الْبارِي» (٢٦٥/٤) قَالَ: «وَزَعَمَ ابْنُ قُدَامَةَ أَنَّ ابْنَ عَبَّاسٍ اسْتَنْبَطَ ذَلِكَ»، وَذَكَرَهُ، فَأَشَارَ إِلَى عَدَمِ ثُبُوتِهِ.

(٢) انْظُرْ: الْمُحَلَّى، لابْنِ حَزْمٍ (٣٥/٧).

(٣) الْمُحَرَّر الْوَجِيز، لابْنِ عَطِيَّةَ (٦١/١).

وَقَالَ مُحَمَّدُ رَشِيدِ رِضَا: «هَذَا النَّوْعُ مِنَ الاسْتِدْلَالِ غَيْرُ لُغَوِيٍّ وَلَا عَقْلِيٍّ، وَلَا يُعْرَفُ عَنْ أَحَدٍ مِنَ الصَّحَابَةِ، وَإِنَّمَا يُعْرَفُ مِثْلُهُ عَنِ الْيَهُودِ»[١].

وَلَمَّا جَرَى لِبَعْضِ مَنْ يَتَّبِعَ هَذَا الطَّرِيقَ فِي هَذَا العَصْرِ مُوَافَقَةٌ لِحِسَابٍ صَحِيحٍ، بَالَغَ حَتَّى قَالَ: «هَذَا مِنْ إعْجَازِ القُرْآنِ»، وهَذَا تَجَوُّزٌ.

وأقولُ: القُرْآنُ كَلامُ اللهِ الَّذِي أعجَزَ أهلَ اللُّغَةِ والبَيَانِ والتَّشْرِيعَاتِ والفَلاسِفَةِ وَسَائِرَ أصحاب العُقُولِ أن يَأْتُوا بما يُشبِهُهُ، وأبانَ عَن قَطعِيَّةِ صِدْقِهِ بحَقائِقَ تَظهَرُ للعِيانِ وتَثْبُتُ بمرورِ الزَّمانِ، فلا غرابةَ أن يَكونَ نَظمُهُ قَدْ أتى عَلى الدِّقَّةِ في حِسابِ الحُرُوفِ والمفرَدَاتِ، دُونَ الحاجَةِ إلى تكلُّفٍ ومُباهاةٍ؛ لأنَّ ذلك مِمَّا لا يُبْنَى عليهِ عَمَلٌ لو كانَ صِدْقًا في نفسِهِ، عِلمًا بأنَّ القُرآنَ أبلغُ من شِعرِ أبلغِ الشُّعراءِ، فإذا كانَ مِن جَمالِ الشِّعرِ مَجيئُهُ عَلى الأوزانِ الدَّقِيقةِ المَضبوطةِ، فما العَجَبُ أن يأتِيَ نَظمُ القُرآنِ على ما هوَ أدَقُّ في الميزانِ الحِسابيِّ منهُ؟!

وَقَدْ صَحَّ عَنِ الإمامِ مالِكِ بنِ أنَسٍ، قالَ: «إنَّ أهلَ بَلَدِنا يَكْرَهُونَ الجِدالَ والكَلامَ والبَحْثَ والنَّظَرَ إلَّا فيما تَحْتَهُ عَمَلٌ»[٢].

---

(١) قالَهُ بِهامِشِ: المُغْنِي، لابنِ قُدَامَةَ (١١٥/٣).

(٢) أخرَجَهُ ابنُ عَبْدِالبَرِّ في «الاسْتِذْكارِ» (رقم: ١٠٧٠٥)، وإسنادُهُ صَحِيحٌ.

ويَتَفَرَّعُ عن هَذا النَّوعِ:

□ النَّوعُ السَّادِسُ: التَّفْسِيرُ الرَّقْمِيُّ:

وهَذا تَعرَّضَ لإبرازِهِ بَعْضُ المعاصِرينَ، ومِمَّا ضَرَبهُ لهُ مَثلًا سُورَةُ النَّمْلِ، فنَظَرَ إلى الحرْفَيْنِ المبتدأ بهما ﴿طسٓ﴾، فذَكرَ أنَّ حَرْفَ الطَّاءِ تكرَّرَ في السُّورَةِ ٢٧ مرَّةً، وهُوَ رقمُ السُّورةِ في تَرتيبِ المصحفِ، وتكرَّرَ حرفُ السِّين (٩٣) مرَّةً، وهو عَدَدُ آياتِ السُّورَةِ، ثمَّ جمعَ العَدَدَينِ فنتجَ الرَّقمُ (١٢٠)، فعمَدَ إلى استِعْمالِ ما عُرِفَ قَديمًا بـ (حِسابِ الجُمَّلِ) بتَشديدِ الميم المفتوحَةِ، وهو استِعمالُ الحُرُوفِ الأبْجَدِيَّةِ خاصَّةً لا حُرُوفِ المعجَمِ، والَّتي هِي (أ، ب، ج، د) إلخ بدلًا مِنَ الأرقامِ، وذلك بحسَبِ الجَدْولِ التَّالي:

قيمته (المئات)	الحرف	قيمته (العشرات)	الحرف	قيمته (الآحاد)	الحرف
١٠٠	ق	١٠	ي	١	أ
٢٠٠	ر	٢٠	ك	٢	ب
٣٠٠	ش	٣٠	ل	٣	ج
٤٠٠	ت	٤٠	م	٤	د
٥٠٠	ث	٥٠	ن	٥	ه
٦٠٠	خ	٦٠	س	٦	و
٧٠٠	ذ	٧٠	ع	٧	ز
٨٠٠	ض	٨٠	ف	٨	ح
٩٠٠	ظ	٩٠	ص	٩	ط
١٠٠٠	غ				

وَمِن ثَمَّ استَنتَجَ استِنتاجًا عَجِيبًا (!!) خَرَّجهُ على هَواهُ أنَّ الرَّقمَ (١٢٠) النّاتِجَ مِن عَدِّ مُكَرَّرِ حَرفَي الطّاءِ والسِّينِ يُساوِي كَلِمَةَ (نَمل) الَّتي هي اسمُ السُّورَةِ، وذلكَ بِحِسابِ الجُمَّلِ (ن: ٥٠ + م: ٤٠ + ل: ٣٠ = ١٢٠).

وهَذا الطَّريقُ لم يُعْنَ بِهِ في تَفسِيرِ القُرآنِ؛ لِهَشَاشَتِهِ وظُهورِ التَّكَلُّفِ فيهِ، وافتِقارِهِ إلى الدَّليلِ.

ولُغَةُ القُرآنِ تَأباهُ، فإن الأعدادَ عِندَ العَرَبِ في عَهْدِ النُّبُوَّةِ قَبلَ انتِشارِ الفُتوح كانَت تُعرَفُ كِتابَةً للعَدَدِ باسمِهِ، لم يَكن يُرمَزُ لها بِرَمزِ الرَّقمِ الَّذي عَرَفَه النّاسُ مِنْ بَعْدُ ونَعرِفُهُ اليومَ، ولا بمقابَلَةِ الأرقامِ بالحُرُوفِ.

❧ ❧ ❧

خاتمة

هذا آخرُ الْمَقْصُودِ بَيانهُ مُختَصرًا في سِياقِ (التَّجدِيدِ في تَفسيرِ القُرآنِ)، وخُلَاصَة القَولِ فيهِ:

أَنَّ التَّجدِيدَ فِي التَّفْسِيرِ مَطلُوبٌ يَقْتَضِيهِ اتِّباعُ القُرآنِ وتَفعِيلُهُ في الحياةِ، بلُغَةٍ تَصِلُ بها معانِي القُرْآنِ للنَّاسِ وتَقُومُ عَلَيْهِمْ بِهِ حُجَّةُ اللهِ، وأنَّ ذلكَ التَّجْدِيدَ المطلُوبَ يَسْتَلزِمُ الأخذَ بالوَسائلِ السَّليمَةِ المعتَبَرةِ لتَحقيقِ هذِه الغايَةِ، ومنها الانتِفاعُ بالتُّراثِ العَظِيمِ في التَّفسيرِ والَّذِي هُوَ مِن مَفاخِرِ أمَّةِ الإسلامِ، وَإهمالُهُ تَضْيِيعٌ لثَرْوةِ عَظِيمَةِ النَّفعِ، وَمِنْهَا الانتِفاعُ بعُلُومِ العَصْرِ وأدَواتِهِ في تَقْرِيبِ المعرِفَةِ.

سُبْحَانَكَ اللَّهُمَّ وَبِحَمْدِكَ، لَا إِلَهَ إِلَّا أَنْتَ، أَسْتَغْفِرُكَ وأَتُوبُ إِلَيْهِ، وصلَّى الله وسلَّمَ عَلى نَبِيِّنا مُحَمَّدٍ وَعَلى آلِهِ وصَحْبِهِ وَمَنِ اهتَدَى بهَدْيِهِ إِلى يَومِ الدِّينِ.

فهرس الموضوعات

الموضوع	الصفحة
مقدمة	٥
مفهوم التجديد	٩
التجديد في تفسير القرآن يكون في سياقين	١٤
مفهوم التفسير	١٧
تاريخ التفسير	١٧
التجديد في تفسير القرآن	٢٥
التجديد لا يعني إلغاء التراث في التفسير	٢٧
الأسباب المقتضية للتجديد في تفسير القرآن	٣١
أولًا: تدبر القرآن وفهمه واتباعه شريعة لكل مكلف	٣١
ثانيًا: احتمال النص القرآني للمعارف والمعاني ليس مما يختص بالوقوف عليه جيل دون غيره	٣٣
ثالثًا: كلام السابقين في التفسير اجتهاد	٣٤
رابعًا: اشتملت كتب التفسير على أخطاء ومخالفات	٣٥
خامسًا: التفسير المنقول والمدون ليس مستغرقًا لجميع ما قيل ...	٣٦
سادسًا: مناسبة القرآن للتنزيل على الوقائع، وهي متجددة	٣٧
الشروط اللازمة للتجديد في تفسير القرآن	٣٩
صفات المجدد في تفسير القرآن	٤١
الأولى: الإسلام	٤٢

الموضوع	الصفحة
الثانية: صحة الاعتقاد وسلامة المنهج	٤٢
الثالثة: الإخلاص في التفقه في معاني القرآن والتجرد عن الهوى والبدعة	٤٣
الرابعة: التحري والتثبت والورع والتحوط	٤٥
الخامسة: التثبت في المنقول واعتماد المراجع الأصول	٤٥
السادسة: أن يجري على منهج علمي مطرد في التفسير	٤٦
السابعة: رعاية قواعد تفسير القرآن	٤٦
أولًا: استصحاب كمال القرآن	٤٦
ثانيًا: بيان القرآن لنفسه، وبيان السنة للقرآن	٤٧
ثالثًا: رعاية سياق النص القرآني تركيبًا ونزولًا	٤٧
رابعًا: استثمار تعدد المعاني اللغوية	٤٨
خامسًا: التفسير بمقتضى القواعد الأصولية	٤٩
سادسًا: الدوران في فلك تحقيق مقاصد القرآن	٤٩
سابعًا: استصحاب المعاني القطعية المسلمة	٥٠
ثامنًا: اجتناب البدعة	٥١
تاسعًا: استخراج الدلائل المناسبة للعلوم	٥٢
مجالات التجديد في تفسير القرآن	٥٣
أولًا: المعالم الرئيسة للتجديد في التفسير	٥٥
وارد على وجوه:	٥٥
الأول: تنقية التفسير من الأحاديث الضعيفة والواهية	٥٥
الثاني: تخليصه من تفسير الغيبيات بغير ما جاء في القرآن والسنة ...	٥٦
الثالث: تخليصه من البدع العقدية والسلوكية	٥٦
الرابع: تخليصه من علم الكلام والفلسفة ومستغلق القول	٥٦
الخامس: تخليصه من الآراء الفقهية المذهبية والانتصار لها بما هو خارج عن التفسير	٥٧
السادس: مجانبة التعقيدات اللغوية واللغات الضعيفة أو المهجورة .	٥٧

الموضوع	الصفحة
السابع: مجانبة التكلف في تحميل النص القرآني ما لا يجيزه السياق ولا اللغة	٥٧
الثامن: صياغة التفسير بلغة يفهمها المخاطب	٥٧
التاسع: رعاية التوازن في تناول النص القرآني بالبيان	٥٨
العاشر: قراءة القصة القرآنية على أنها خطاب وبيان ودرس وتشريع	٥٨
الحادي عشر: تحقيق الراجح في مواضع الاختلاف	٦٠
ثانيًا: التجديد في التفسير بإعادة صياغته	٦١
أربعة سياقات:	٦١
الأول: التنقية والتصفية	٦١
الثاني: الجمع والتنقيح والمناقشة والترجيح	٦٦
الثالث: التهذيب والتلخيص	٦٦
والرابع: التفسير باللغة السهلة الجارية	٦٧
ثالثًا: التجديد في التفسير بالإبداع فيه بالجديد	٦٩
التجديد في مناهج التفسير المعاصرة في أنواع:	٧٠
النوع الأول: التفسير بالخواطر والتأملات	٧٠
النوع الثاني: التفسير الموضوعي	٧١
النوع الثالث: التفسير بحسب النزول	٧٤
النوع الرابع: التفسير العلمي للقرآن	٧٦
النوع الخامس: التفسير العددي	٨٢
النوع السادس: التفسير الرقمي	٨٤
خاتمة	٨٧
فهرس الموضوعات	٨٩